FORMAÇÃO DOCENTE E PROFISSIONAL

formar-se para a mudança e a incerteza

Questões da Nossa Época
Volume 14

Dados Internacionais de Catalogação na Publicação (CIP)
(Câmara Brasileira do Livro, SP, Brasil)

Imbernón, Francisco
　　Formação docente e profissional : formar-se para a mudança e a incerteza / Francisco Imbernón ; [tradução Silvana Cobucci Leite]. — 9. ed. — São Paulo : Cortez, 2011. — (Coleção questões da nossa época ; v. 14)

　　Título original: Formarse para el cambio y la incertidumbre.
　　Bibliografia.
　　ISBN 978-85-249-1630-4

　　1. Professores — Formação profissional — Brasil I. Título. II. Série.

10-07669　　　　　　　　　　　　　　　　　　　　CDD-370.71

Índices para catálogo sistemático:

1. Docentes : Formação profissional : Educação　370.71
2. Professores : Formação profissional : Educação　370.71

Francisco Imbernón

FORMAÇÃO DOCENTE E PROFISSIONAL

formar-se para a mudança e a incerteza

9ª edição
9ª reimpressão

Título original: Formarse para el cambio y la incertidumbre
Francisco Imbernón

Capa: aeroestúdio
Tradução: Silvana Cobucci Leite
Revisão: Maria de Lourdes de Almeida
Composição: Linea Editora Ltda.
Coordenação editorial: Danilo A. Q. Morales

Nenhuma parte desta obra pode ser reproduzida ou duplicada sem autorização expressa do autor e do editor.

© 2000 by Autor

Direitos para esta edição
CORTEZ EDITORA
Rua Monte Alegre, 1074 – Perdizes
05014-001 – São Paulo - SP
Tel.: (11) 3864-0111   Fax: (11) 3864-4290
e-mail: cortez@cortezeditora.com.br
www.cortezeditora.com.br

Impresso no Brasil — abril de 2023

Sumário

Introdução 7

1. A necessária redefinição da docência como profissão 11
2. Inovação educativa e profissão docente 20
3. O debate sobre a profissionalização docente 25
4. O conhecimento profissional do docente 30
5. A profissão docente diante dos desafios da chamada sociedade globalizada, do conhecimento ou da informação 38
6. A formação como elemento essencial, mas não único, do desenvolvimento profissional do professor 45
7. A formação permanente do professor 50
8. A formação inicial para a profissão docente 59
9. A formação permanente do professor experiente.. 70

10. O modelo indagativo ou de pesquisa como ferramenta de formação do professor 77

11. A formação a partir da escola como uma alternativa de formação permanente do professor 84

12. O formador ou a formadora do profissional de educação como assessor de formação permanente. 92

13. Formação do professor e qualidade de ensino 100

14. Algumas dificuldades atuais, ou o risco de estagnação profissional, e algumas ideias para possíveis alternativas 110

Conclusão 117

Bibliografia 123

Introdução

O século XXI representa um acontecimento mítico para todos os que nasceram na segunda metade do século anterior, e por isso parece necessário que toda instituição educativa (desde a que se encarrega das etapas iniciais até a Universidade, bem como toda instituição responsável pela formação inicial e permanente, como instituições "que têm a função de educar") e a profissão docente (entendida como algo mais que a soma dos professores que se dedicam a essa tarefa nessas instituições) devem mudar radicalmente, tornando-se algo realmente diferente, apropriado às enormes mudanças que sacudiram o último quartel do século XX. Em suma, a profissão docente deve abandonar a concepção predominante no século XIX de mera transmissão do conhecimento acadêmico, de onde de fato provém, e que se tornou inteiramente obsoleta para a educação dos futuros cidadãos em uma sociedade democrática: plural, participativa, solidária, integradora...

É claro que a instituição educativa evoluiu no decorrer do século XX, mas o fez sem romper as linhas diretrizes que lhe foram atribuídas em sua origem: centralista, transmissora, selecionadora, individualista... Para educar realmente na vida e para a vida, para essa vida diferente, e para superar desigualdades sociais, a instituição educativa deve superar definitivamente os enfoques tecnológicos, funcionalistas e burocratizantes, aproximando-se, ao contrário, de seu caráter mais relacional, mais dialógico, mais cultural-contextual e comunitário, em cujo âmbito adquire importância a relação que se estabelece entre todas as pessoas que trabalham dentro e fora da instituição. É nesse âmbito que se reflete o dinamismo social e cultural da instituição com e a serviço de toda a comunidade, certamente considerada de modo amplo. A instituição que educa deve deixar de ser "um lugar" exclusivo em que se aprende apenas o básico (as quatro operações, socialização, uma profissão) e se reproduz o conhecimento dominante, para assumir que precisa ser também uma manifestação de vida em toda sua complexidade, em toda sua rede de relações e dispositivos com uma comunidade, para revelar um modo institucional de conhecer e, portanto, de ensinar o mundo e todas as suas manifestações. Deve ensinar, por exemplo, a complexidade de ser cidadão e as diversas instâncias em que se materializa: democrática, social, solidária, igualitária, intercultural e ambiental. E deve fazê-lo mesmo se, em alguns lugares, estiver rodeada por uma grande "neomiséria" ou pobreza endêmica e ante uma população (alunos, famílias, vizinhos...) imbuída de analfabetismo cívico.

    A instituição educativa precisa que outras instâncias sociais se envolvam e a ajudem no processo de educar. E isso implica que a educação se torne cada vez mais complexa, seja muito mais do que esse mero ensino do básico e elementar, de um ponto de vista acadêmico, a uma minoria homogênea em uma época em que o conhecimento e sua gestão estavam em poder de uma minoria, que monopolizava o saber.

Consequentemente, se a educação dos seres humanos pouco a pouco se tornou mais complexa, o mesmo deverá acontecer à profissão docente. Essa complexidade é incrementada pela mudança radical e vertiginosa das estruturas científicas, sociais e educativas (em sentido amplo) que são as que dão apoio e sentido ao caráter institucional do sistema educativo.

Assim, a instituição educativa e a profissão docente desenvolvem-se em um contexto marcado por:

• Um incremento acelerado e uma mudança vertiginosa nas formas adotadas pela comunidade social, no conhecimento científico e nos produtos do pensamento, a cultura e a arte.

• Uma evolução acelerada da sociedade em suas estruturas materiais, institucionais e formas de organização da convivência, modelos de família, de produção e de distribuição, que têm reflexos na mudança inevitável das atuais formas de pensar, sentir e agir das novas gerações.

• Contextos sociais que condicionarão a educação e refletirão uma série de forças em conflito. As enormes mudanças dos meios de comunicação e da tecnologia foram acompanhadas por profundas transformações na vida institucional de muitas organizações e abalaram a transmissão do conhecimento e, portanto, também suas instituições. O mito da sociedade da informação deixa muitas pessoas totalmente desinformadas, ao passo que outras acumulam o capital informativo em seu próprio benefício e no de alguns poucos.

- Uma análise da educação que já não a considera patrimônio exclusivo dos docentes e sim de toda a comunidade e dos meios de que esta dispõe, estabelecendo novos modelos relacionais e participativos na prática da educação.

Tudo isso torna inquestionável uma nova forma de ver a instituição educativa, as novas funções do professor, uma nova cultura profissional e uma mudança nos posicionamentos de todos os que trabalham na educação e, é claro, uma maior participação social do docente.

1

A necessária redefinição da docência como profissão

Embora a condição de funcionário (no setor público) e as estruturas de dependência do sistema assalariado no setor privado marquem de modo determinante as relações de trabalho, e estas não tenham tido variações significativas no último quarto de século, o mesmo não acontece com o âmbito estritamente profissional, em que as mudanças se produzem mais rapidamente. Nos últimos tempos, questionaram-se muitos aspectos da educação que, até o momento, eram considerados intocáveis. Vimos como se questionou o conhecimento nocional e imutável das ciências como substrato da educação e houve uma abertura para outras concepções em que a rápida obsolescência e a incerteza têm um papel importante. Mas o mais importante é que amplos setores demandaram que a educação se aproximasse mais dos aspectos éticos, coletivos, comunicativos, comportamentais, emocionais..., todos eles necessários para se alcançar uma educação democrática dos futuros cidadãos. Assim, começou-se a valorizar a importância do sujeito, de sua participação e, portanto, também a relevância que a bagagem sociocultural (por exemplo, a comunicação, o trabalho em grupo, a tolerância, a elaboração conjunta de projetos, a tomada de decisões democrática etc.) assume na educação. É claro que convém estar alerta para impedir que se trate de uma redefinição dos sistemas econômicos e de regulação do mercado para introduzir elementos que podem supor uma autonomia educacional vigiada, autorizada, ou uma colegialidade artificial. Ou, de qualquer modo, para evitar que se façam concessões em autonomia (decisões políticas educativas, gestão autônoma, currículos contextualizados...) e para continuar fortalecendo uma verdadeira participação coletiva profissional.

Essa necessária renovação da instituição educativa e esta nova forma de educar requerem uma redefinição importante da profissão docente e que se assumam novas competências profissionais no quadro de um conhecimento pedagógico, científico e cultural revistos. Em outras palavras, a nova era requer um profissional da educação diferente.

No entanto, não podemos analisar as mudanças da profissão docente sem observar que isso esteve presente durante muitos anos ao redor do debate sobre a profissionalização docente, e como diz Labaree (1999, p. 20):

"Há uma série de razões para crer que o caminho para a profissionalização dos docentes encontra-se cheio de crateras e areias movediças: os problemas próprios que surgem ao tentar promover os critérios profissionais dentro de uma profissão tão massificada, a possibilidade de desvalorização das habilitações como consequência do aumento dos requisitos educativos, a herança niveladora dos sindicatos dos professores, a posição histórica da docência como forma de trabalho própria de mulheres, a resistência que oferecem os pais, os cidadãos e os políticos à reivindicação do controle profissional das escolas, o fato de a docência ter demorado a se incorporar a um campo infestado de trabalhos profissionalizados, a prévia profissionalização dos administradores das escolas e o excessivo poder da burocracia administrativa, a prolongada tradição de realizar reformas educacionais por meios burocráticos (...) e a diversidade de entornos em que se dá a formação dos professores".

Aqui, ante tantas dificuldades para assumir uma profissionalização docente, cabe perguntar: Quais são as competências necessárias para que o professor assuma essa profissionalização na instituição educacional e tenha uma repercussão educativa e social de mudança e de transformação?

Historicamente, a profissão docente, ou seja, a assunção de uma certa profissionalidade (uma vez que a docência é assumida como "profissão" genérica e não como ofício, já que no contexto social sempre foi considerada como uma semiprofissão) caracterizava-se pelo estabelecimento de alguns traços em que predominava o conhecimento objetivo, o conhecimento das disciplinas à imagem e semelhança de outras profissões. Saber, ou seja, possuir um certo conhecimento formal, era assumir a capacidade de ensiná-lo. À parte essas características de um conhecimento formal estabelecido de antemão (segundo Abbot, 1988, p. 8, aplicação de um conhecimento abstrato a casos concretos), para ser um profissional é preciso ter autonomia, ou seja, poder tomar decisões sobre os problemas profissionais da prática.

Atualmente, para a educação do futuro, essas características históricas são consideradas insuficientes, embora não se discuta que sejam necessárias.

A especificidade dos contextos em que se educa adquire cada vez mais importância: a capacidade de se adequar a eles metodologicamente, a visão de um ensino não tão técnico, como transmissão de um conhecimento acabado e formal, e sim como um conhecimento em construção e não imutável, que analisa a educação como um compromisso político prenhe de valores éticos e morais (e, portanto, com a dificuldade de desenvolver uma formação a partir de um processo clínico) e o desenvolvimento da pessoa e a colaboração entre iguais como um fator importante no conhecimento profissional...; tudo isso nos leva a valorizar a grande importância que têm para a docência a aprendizagem da relação, a convivência, a cultura do contexto e o desenvolvimento da capacidade de interação de cada pessoa com o resto do grupo, com seus iguais e com a comunidade que envolve a educação. O contexto em que trabalha o magistério tornou-se complexo e diversificado. Hoje, a profissão já não é a transmissão de um conhecimento acadêmico ou a transformação do conhecimento comum do aluno em um conhecimento acadêmico. A profissão exerce outras funções: motivação, luta contra a exclusão social, participação, animação de grupos, relações com estruturas sociais, com a comunidade... E é claro que tudo isso requer uma nova formação: inicial e permanente.

Esta análise ajuda-nos a entender um processo em que o conhecimento profissional, para além de uma classificação de traços unificadores de toda a profissão docente, é fundamental. E nela desponta como característica primordial a capacidade reflexiva em grupo, mas não apenas como aspecto de atuação técnica, e sim como processo coletivo para regular as ações, os juízos e as decisões sobre o ensino, já que o mundo que nos cerca tornou-se cada vez mais complexo, e as dúvidas, a falta de certezas e a divergência são aspectos consubstanciais com que o profissional da educação deve conviver, como acontece com profissionais de qualquer outro setor.

Nesse contexto, a formação assume um papel que transcende o ensino que pretende uma mera atualização científica, pedagógica e didática e se transforma na possibilidade de criar espaços de participação, reflexão e formação para que as pessoas aprendam e se adaptem para poder conviver com a mudança e a incerteza. Enfatiza-se mais a aprendizagem das pessoas e as maneiras de torná-la possível que o ensino e o fato de alguém (supondo-se a ignorância do outro) esclarecer e servir de formador ou formadora.

A formação também servirá de estímulo crítico ao constatar as enormes contradições da profissão e ao tentar trazer elementos para superar as situações perpetuadoras que se arrastam há tanto tempo: a alienação profissional — por estar sujeitos a pessoas que não participam da ação profissional —, as condições de trabalho, a estrutura hierárquica etc. E isso implica, mediante a ruptura de tradições, inércias e ideologias impostas, formar o professor na mudança e para a mudança por meio do desenvolvimento de capacidades reflexivas em grupo, e abrir caminho para uma verdadeira autonomia profissional compartilhada, já que a profissão docente deve compartilhar o conhecimento com o contexto. Isso implica uma mudança nos posicionamentos e nas relações com os profissionais, já que isolados eles se tornam mais vulneráveis ao entorno político, econômico e social.

Ao analisar esse contexto profissional, encontramos certas evidências que poderíamos considerar elementares, mas que não se aplicam à formação do professor. Essas evidências nos permitem refletir sobre as mudanças que deveriam ser estimuladas em uma formação que beneficie o conjunto de professores.

- *O professor possui conhecimentos objetivos e subjetivos*

Durante muito tempo, a formação baseou-se em conhecimentos que poderíamos denominar "de conteúdo". A perspectiva técnica e racional que controlou a formação durante as últimas décadas (a preferência pelo metodológico) visava um professor com conhecimentos uniformes no campo do conteúdo científico e psicopedagógico, para que exercesse um ensino também nivelador. Atualmente considera-se o conhecimento tão importante quanto as atitudes, ou seja, tudo o que representa formar as atitudes. Um professor ou professora podem ter o mesmo conhecimento, sem que consigam compartilhar as decisões, a comunicação, a dinâmica do grupo etc. por um problema de atitudes. Em suma, é necessário destacar a conveniência de desenvolver uma formação em que trabalhar as atitudes seja tão importante quanto o restante dos conteúdos.

- *A aquisição de conhecimentos por parte do professor é um processo amplo e não linear*

A mudança nas pessoas, assim como na educação, é muito lenta e nunca linear. Ninguém muda de um dia para o outro. A pessoa precisa interiorizar, adaptar e experimentar os aspectos novos que viveu em sua formação. A aquisição de conhecimentos deve ocorrer da forma mais interativa possível, refletindo sobre situações práticas reais.

• *A aquisição de conhecimentos por parte do professor está muito ligada à prática profissional e condicionada pela organização da instituição educacional em que esta é exercida*

Por isso é tão importante desenvolver uma formação na instituição educativa, uma formação no interior da escola. Como a prática educativa é pessoal e contextual, precisa de uma formação que parta de suas situações problemáticas. Na formação não há problemas genéricos para todos nem, portanto, soluções para todos; há situações problemáticas em um determinado contexto prático. Assim, o currículo de formação deve consistir no estudo de situações práticas reais que sejam problemáticas.

• *A aquisição de conhecimentos por parte do professor é um processo complexo, adaptativo e experiencial*

Cada pessoa tem um modo de aprender, um estilo cognitivo de processar a informação que recebe. Assim, aprender para pôr em prática uma inovação supõe um processo complexo, mas essa complexidade é superada quando a formação se adapta à realidade educativa da pessoa que aprende. Para que seja significativa e útil, a formação precisa ter um alto componente de adaptabilidade à realidade diferente do professor. E quanto maior a sua capacidade de adaptação mais facilmente ela será posta em prática em sala de aula ou na escola e será incorporada às práticas profissionais habituais. Um dos objetivos de toda formação válida deve ser o de poder ser experimentada e também proporcionar a oportunidade para desenvolver uma prática reflexiva competente.

A formação do professor deve estar ligada a tarefas de desenvolvimento curricular, planejamento de programas e, em geral, melhoria da instituição educativa, e nelas implicar-se, tratando de resolver situações problemáticas gerais ou específicas relacionadas ao ensino em seu contexto.

Em decorrência disso, o professor precisa adquirir conhecimentos ou estratégias específicas (planejamento curricular, pesquisa sobre a docência, estratégias para formar grupos, resolução de problemas, relações com a comunidade, atividade sociocultural etc.). Tudo isso supõe a combinação de diferentes estratégias de formação e uma nova concepção do papel do professor nesse contexto, o que obviamente não pode ser feito sem o envolvimento concreto dos docentes.

Ideias-chave

- A educação democrática precisa de outras instâncias de socialização que ampliem seus valores. Para tanto, é necessária uma reestruturação das instituições educativas.

- Rejeitar a visão de um ensino técnico, como transmissão de um conhecimento acabado e formal, propondo um conhecimento em construção e não imutável, que analisa a educação como um compromisso político prenhe de valores éticos e morais.

- Os docentes precisam desenvolver capacidades de aprendizagem da relação, da convivência, da cultura do contexto e de interação de cada pessoa com o resto do grupo, com seus semelhantes e com a comunidade que envolve a educação.

- A formação assume um papel que vai além do ensino que pretende uma mera atualização científica, pedagógica e didática e se transforma na possibilidade de criar espaços de participação, reflexão e formação para que as pessoas aprendam e se adaptem para poder conviver com a mudança e com a incerteza.

- Em uma sociedade democrática é fundamental formar o professor na mudança e para a mudança por meio do desenvolvimento de capacidades reflexivas em grupo, e abrir caminho para uma verdadeira autonomia profissional compartilhada, já que a profissão docente precisa partilhar o conhecimento com o contexto.

2

Inovação educativa e profissão docente

É interessante analisar a relação entre inovação educativa e profissão docente. Entendida como pesquisa educativa na prática, a inovação requer novas e velhas concepções pedagógicas e uma nova cultura profissional forjada nos valores da colaboração e do progresso social, considerado como transformação educativa e social.

É verdade que as inovações introduzem-se lentamente no campo educacional, mas, além dessa lentidão endêmica, não podemos ignorar outros fatores: o ambiente de trabalho dos professores, o clima e o incentivo profissional, a formação tão padronizada que eles recebem, a histórica vulnerabilidade política do magistério, o baixo prestígio profissional, a atomização e o isolamento forçado pela estrutura, a falta de controle inter e intraprofissional...

A possibilidade de inovação nas instituições educativas não pode ser proposta seriamente sem um novo conceito de profissionalização do professor, que deve romper com inércias e práticas do passado assumidas passivamente como elementos intrínsecos à profissão.

FORMAÇÃO DOCENTE E PROFISSIONAL 21

Se acreditamos que a inovação precisa ser intrínseca ao processo educativo e profissional, devemos estabelecer mecanismos profissionais e estruturais para facilitá-la juntamente com a mudança cultural da profissão.

A meu ver, o professor e as condições de trabalho em que exerce sua profissão são o núcleo fundamental da inovação nas instituições educativas; *mas talvez o problema não esteja apenas nos sujeitos docentes, e sim nos processos políticos, sociais e educativos*. Não se tratou o bastante da função do profissional da educação no campo da inovação, talvez devido ao predomínio do enfoque que considera o professor ou a professora como um mero executor do currículo e como uma pessoa dependente que adota a inovação criada por outros, e à qual, portanto, não se concede nem a capacidade nem a margem de liberdade para aplicar o processo de inovação em seu contexto específico. Talvez por isso os professores tenham visto a inovação como uma determinação exterior, artificial e separada dos contextos pessoais e institucionais em que trabalham. Tudo isso adormeceu um coletivo que, com frequência, se sente incapaz de inovar, perdendo assim a capacidade de gerar novo conhecimento pedagógico.

O professor ou a professora não deveria ser um técnico que desenvolve ou implementa inovações prescritas, mas deveria converter-se em um profissional que deve participar ativa e criticamente no verdadeiro processo de inovação e mudança, a partir de e em seu próprio contexto, em um processo dinâmico e flexível. Se a mudança em educação é necessária, ainda que simplesmente pela necessidade de superar o tédio ou a frustração causados, entre outras coisas, pela transformação das tarefas educativas em algo rotineiro, em contrapartida, uma das fontes de maior satisfação e revitalização profissional do professor é a geração de processos de aprimoramento profissional coletivo, adotando inovações e dinâmicas de mudança nas instituições educativas. Mas esses processos precisam de uma mudança nas estruturas profissionais e sociais. Precisam contar com o grupo interno da instituição e com o apoio da comunidade que envolve a instituição.

Tudo isso implica considerar o professor como um agente dinâmico cultural, social e curricular, capaz de *tomar decisões educativas, éticas e morais, de desenvolver o currículo em um contexto determinado e de elaborar projetos e materiais curriculares com a colaboração dos colegas*, situando o processo em um contexto específico controlado pelo próprio coletivo.

Essa intervenção do profissional da educação realiza-se hoje em uma instituição educativa em que realmente se articula a cultura e a convivência profissional entre os docentes. Alguns autores falaram da instituição educativa como unidade de análise que protagoniza a inovação. A ideia da atuação do professor nos processos de inovação no quadro das instituições educativas não é nova, embora se manifeste claramente a partir das experiências de "formação centrada na escola e em seus processos práticos", ou através da necessidade de elaborar projetos conjuntos, tendência de que nos ocuparemos mais adiante neste livro.

A formação centrada nas situações problemáticas da instituição educativa através de processos de pesquisa significa realizar uma "inovação a partir de dentro". É a interiorização do processo de inovação, o que implica uma descentralização e um controle autônomo em condições adequadas. Mas a "formação baseada nas instituições educativas" supõe manter uma constante pesquisa colaborativa e obter um consenso para o desenvolvimento da organização, com uma confrontação e uma tensão que não permitem relaxar ou baixar a guarda ante as condições socioprofissionais. Daí a importância de se manter o equilíbrio nas instituições educativas e a luta entre a tendência centralizadora ou administrativa, em que se tentam burocratizar os processos coletivos, e a tendência autônoma, em que o professorado exige exercer seu direito à inovação (como mudança deliberada e crítica), à margem do estabelecido pela própria administração educativa, ainda que esta não abandone seu processo de apoio à educação da população. A *instituição educativa, como conjunto de elementos que intervêm na prática educativa contextualizada, deve ser o motor da inovação e da profissionalização docente.* Como processo de revisão e de formação, a inovação perde uma boa porcentagem de incidência e de melhoria coletiva quando se produz isoladamente e se converte em mera experiência pessoal.

Esse protagonismo coletivo, e portanto institucional, implica uma nova concepção da instituição e da formação: como uma organização mais autônoma, entendida como autonomia compartilhada por todos que intervêm no processo educativo e não como descentralização competitiva, a partir do desenvolvimento de uma determinada cultura de colaboração, imerso em um contexto profissional concreto, em relação com outras instituições, suscetíveis e capazes de inovar a partir de processos de pesquisa e reflexão e, portanto, com a intenção de melhorar globalmente como instituição, modificando os contextos sociais, profissionais e educativos.

Ideias-chave

- A possibilidade de inovação nas instituições educativas não pode ser proposta sem um novo conceito de profissionalização do docente, que deve romper com inércias e práticas do passado assumidas passivamente como elementos intrínsecos à profissão.

- O professor ou a professora não deveria ser um técnico que desenvolve ou implementa inovações prescritas, mas deveria converter-se em um profissional que deve participar ativa e criticamente no verdadeiro processo de inovação e mudança, a partir de e em seu próprio contexto, em um processo dinâmico e flexível.

- Tudo isso implica considerar o profissional de educação como um agente dinâmico cultural, social e curricular, que deve ter a permissão de tomar decisões educativas, éticas e morais, desenvolver o currículo em um contexto determinado e elaborar projetos e materiais curriculares em colaboração com os colegas, situando o processo em um contexto específico controlado pelo próprio coletivo.

- A instituição educativa, como conjunto de elementos que intervêm na prática educativa contextualizada, deve ser o motor da inovação e da profissionalização docente.

3
O debate sobre a profissionalização docente

É interessante analisar o que consideramos atualmente como profissionalismo e profissionalização à luz de um novo conceito de profissão e de desempenho prático desta (assim, profissionalismo — alguns estudos dizem profissionalidade — características e capacidades específicas da profissão; profissionalização: processo socializador de aquisição de tais características), que pretende passar de um conceito neoliberal de profissão (proveniente sobretudo da sociologia conservadora das profissões de determinado momento histórico) a um conceito mais social, complexo (descrição da atividade profissional e valorização no mercado de trabalho) e multidimensional, em que o processo de profissionalização fundamenta-se nos valores da cooperação entre os indivíduos e do progresso social.

Assim, hoje os termos profissão, profissionalismo e profissionalização revelam-se complexos e ambíguos em relação a seu significado e obviamente sua aplicação universal a todos os contextos é muito difícil (Popkewtiz, 1990). Profissão é um conceito que, no campo das ações sociais, alude a um modo particular de exercê-la. Não é um termo cujos limites de aplicação encontram-se definidos. Ele comporta as mais variadas ocupações. Popkewtiz (1990), por sua vez, argumenta que o termo "profissão" possui significados diferentes segundo o país e que o uso do termo não supõe uma definição fixa de uma ideia universal e que, atualmente, se situa à margem de toda dimensão espacial ou temporal. As argumentações anteriores levam a perguntar: Existe um modo especial de exercer a docência? Em nosso contexto específico, espacial e temporal, é possível um conceito do professor como quem executa, toma decisões ou exerce uma profissão? Para dar alguma resposta a essas questões, vamos analisar em que consiste o exercício profissional.

Em termos gerais, o profissionalismo na docência implica uma referência à organização do trabalho dentro do sistema educativo e à dinâmica externa do mercado de trabalho. Ser um profissional, portanto, implica dominar uma série de capacidades e habilidades especializadas que nos fazem ser competentes em um determinado trabalho, além de nos ligar a um grupo profissional organizado e sujeito a controle (Schön, 1992, 1998).

Ao falar do "profissional", não pretendo entrar no amplo debate sobre as profissões e suas características nem fazer referência aos autores que as abordaram. Tampouco aprofundarei suas diversas derivações terminológicas: profissionalidade, profissionalismo, profissionalização, ofício, ocupação, campo profissional (Goodlad, 1985). Esses estudos sobre as profissões ou sobre os processos de profissionalização foram realizados sobretudo pela sociologia, embora também haja estudos do ponto de vista psicológico, histórico, econômico, etnográfico, ideológico etc. Pereyra (1988), por exemplo, analisa o profissionalismo na educação contrapondo um "modelo de traços", que segundo ele predomina atualmente no discurso sobre as profissões, e um "modelo da profissão como processo", em que estaria incluída a profissão docente. Nesta análise adotaremos esse conceito de profissão como processo. Deveríamos fugir da pretensão de converter o ensino em uma profissão no sentido tradicional. Seria um crasso erro seguir a tendência que argumenta "a sociologia crítica das profissões quando revela que a busca do profissionalismo traz consigo formas de ação política interessadas que são incompatíveis com os objetivos democráticos a que se encontram ligados os educadores de hoje" (Burbules e Densmore, 1992). Ganhar espaços profissionais deve pressupor ganhar em democracia real e ajudar a evitar a exclusão social dos educandos colaborando com a comunidade.

Dependendo do autor, o profissionalismo e a profissão podem ser identificados como uma exigência de redefinição da contribuição para a produção, como um meio para adquirir maior identidade social, como um critério de redistribuição de poder, como um processo para aumentar a qualidade produtiva, como um pressuposto para a proteção do coletivo, como um processo de constante mudança profissional, como obtenção da proteção da lei... O debate sobre o profissional frequentemente apresenta um excesso de regionalismo ou uma excessiva contextualização e, em muitas ocasiões, eludem as características políticas ou se realizam como um processo de legitimação social de um poder e de uma determinada autoridade. Portanto, precisamos estar alerta à linguagem atual e ao excesso de retórica do profissionalismo na educação.

O conceito de profissão não é neutro nem científico, mas é produto de um determinado conteúdo ideológico e contextual; uma ideologia que influencia a prática profissional, já que as profissões são legitimadas pelo contexto e pelo conceito popular, uma parte do aparelho da sociedade que analisamos e que deve ser estudado observando a utilização que se faz dele e a função que desempenha nas atividades de tal sociedade.

Atualmente, há uma retórica sobre a profissão e a profissionalização (aumentada nesta época de reforma, como ocorreu em outros países em períodos similares) desprovida de reflexão crítica. Se aceitarmos que a docência é uma profissão, não será para assumir privilégios contra ou "à frente" dos outros, mas para que, mediante seu exercício, o conhecimento específico do professor e da professora se ponha a serviço da mudança e da dignificação da pessoa. Ser um profissional da educação significará participar da emancipação das pessoas. O objetivo da educação é ajudar a tornar as pessoas mais livres, menos dependentes do poder econômico, político e social. E a profissão de ensinar tem essa obrigação intrínseca.

Ideias-chave

- Ver o docente como um profissional implica dominar uma série de capacidades e habilidades especializadas que o fazem ser competente em determinado trabalho, e que além disso o ligam a um grupo profissional organizado e sujeito a controle.

- A conquista de espaços profissionais deve supor o aumento de democracia real e a ajuda a evitar a exclusão social dos educandos, colaborando com a comunidade.

- O conceito de profissão não é neutro nem científico, mas é produto de um determinado conteúdo ideológico e contextual; uma ideologia que influencia a prática profissional, já que as profissões são legitimadas pelo contexto.

- Ser um profissional da educação significará participar na emancipação das pessoas. O objetivo da educação é ajudar a tornar as pessoas mais livres, menos dependentes do poder econômico, político e social.

4

O conhecimento profissional do docente

A profissão docente comporta um conhecimento pedagógico específico, um compromisso ético e moral e a necessidade de dividir a responsabilidade com outros agentes sociais, já que exerce influência sobre outros seres humanos e, portanto, não pode nem deve ser uma profissão meramente técnica de "especialistas infalíveis" que transmitem unicamente conhecimentos acadêmicos. Como diz Lanier (1984), "os professores possuem um amplo corpo de conhecimentos e habilidades especializadas que adquirem durante um prolongado (prolongado se aceitamos a formação como desenvolvimento durante toda a vida profissional) período de formação (...), emitem juízos e tomam decisões que aplicam a situações únicas e particulares com que se deparam na prática". A profissão docente se moverá então em um delicado equilíbrio entre as tarefas profissionais (alguns autores as chamam de acadêmicas) e a estrutura de participação social.

Diversos autores procuraram analisar o tipo de conhecimentos profissionais que um professor ou uma professora deveriam ter (cf. Shulman, 1989; Loucks-Horley, 1987). Todos eles concordam com a necessidade de um conhecimento polivalente que compreenda diferentes âmbitos: o sistema (em suas estruturas próprias, sintáticas, ideológicas ou em sua organização), os problemas que dão origem à construção dos conhecimentos, o pedagógico geral, o metodológico-curricular, o contextual e o dos próprios sujeitos da educação. Em diversas publicações enfatizei a importância de conhecimentos sobre o âmbito sociocultural e sociocientífico (implicações sociais das ciências), considerando que o contextual referia-se em geral ao âmbito estritamente profissional.

Seja como for, vimos que a especificidade da profissão está no conhecimento pedagógico. Entendo esse conhecimento como o utilizado pelos profissionais da educação, que se construiu e se reconstruiu constantemente durante a vida profissional do professor em sua relação com a teoria e a prática. Mas esse conhecimento não é absoluto, estrutura-se em uma gradação que vai desde o conhecimento comum (tópicos, sentido comum, tradições etc., semelhante ao que se denomina "pensamento espontâneo") ao conhecimento especializado.

O conhecimento pedagógico comum existe logicamente na estrutura social, integra o patrimônio cultural de uma sociedade determinada e se transfere para as concepções dos professores.

Existe, é claro, um conhecimento pedagógico especializado unido à ação e, portanto, é um conhecimento prático, que é o que diferencia e estabelece a profissão e que precisa de um processo concreto de profissionalização.

Esse conhecimento pedagógico especializado legitima-se na prática e reside, mais do que no conhecimento das disciplinas, nos procedimentos de transmissão, reunindo características específicas como a complexidade, a acessibilidade, a observabilidade e a utilidade social que faz emitir "juízos profissionais situacionais" baseados no conhecimento experimental na prática. Na mesma linha, Schön (1992) argumenta que esse conhecimento pedagógico profissional é tácito e intuitivo e Elliott (1990) diz que é elaborado nas "destilações retrospectivas da experiência". O conhecimento proposicional prévio, o contexto, a experiência e a reflexão em e sobre a prática levarão à precipitação do conhecimento profissional especializado.

É interessante mencionar aqui, como elemento de reflexão, o informe norte-americano, de cunho conservador, "A nação em perigo", elaborado em 1981 (Comissão Nacional da Excelência na Educação, 1983), no qual se analisa a situação educacional dos Estados Unidos, qualificando-a belicamente (impregnado de metáforas militaristas, dirá Appel e Casey, 1992) como "desarmamento unilateral educativo" provocado pela "feminização, passividade e pacifismo do professorado", propondo como um dos remédios para esse desarmamento — que tem como consequência um grande aumento de iletrados — o estabelecimento de uma carreira docente mediante diversas etapas de formação permanente: instrutor principiante, docente especializado, docente catedrático. Concordemos ou não com tal gradação, é óbvio que ela enfatiza a necessidade de um desenvolvimento profissional baseado na formação do coletivo.

Mas o estabelecimento de carreiras docentes ou etapas padronizadas, méritos por formação etc., não pode levar a esquecer uma das mais importantes funções ou tarefas docentes: a de pessoa que "propõe valores", impregnada de conteúdo moral, ético e ideológico. A dimensão educativa da profissão docente mostra-se mais concisa se se considera o processo de educação em relação aos sujeitos que caracterizam uma sociedade determinada no sentido de analisar em todos os problemas a referência à consciência coletiva e confrontar os comportamentos próprios com essa consciência coletiva, a fim de transformá-la segundo novos modelos de vida à luz do sistema de valores que se vai criando. A alienação profissional ocorre quando se deseja marginalizar o professor dessa importante função (propor valores), aumentando o controle do trabalho e "construindo discursos estereotipados" (Appel e Casey, 1992, p. 10).

A função de "propor valores" é uma tarefa educativa complexa e às vezes contraditória, já que não se obterá a formação dos indivíduos unicamente com a interação social, que apresenta aspectos muito problemáticos em uma sociedade pluralista. Ela será obtida tendo também como referência pontos de caráter ético, inerentes à natureza humana, nos quais coincidimos com outros agentes sociais que incidem nessa proposição de valores.

A competência profissional, necessária em todo processo educativo, será formada em última instância na interação que se estabelece entre os próprios professores, interagindo na prática de sua profissão.

Erdas (1987) desenvolve o conteúdo do termo "competência docente", analisando que é significativo que ao se falar de "competência" docente se tenda a distingui-la da "eficácia" e da "atuação". A atuação englobará o conjunto de comportamentos manifestos que intervêm nos efeitos do professor sobre o aluno. A autora conclui, portanto, que é possível dizer que melhorar a atuação é a chave para melhorar a "eficácia". Embora seja duvidoso aplicar a "eficácia" nos processos educativos (como dizia Combs, 1979, há muito tempo: "as pesquisas sobre a competência, até agora, não conseguiram identificar nenhuma característica comum aos bons professores"), podemos destacar a importância da formação na prática no desenvolvimento de competências profissionais.

Mais discutível é a contribuição de Medley e Crook (1981) quando definem a competência como "características que o professor possui seja qual for a situação em que pratique a docência", a menos que estabeleçamos uma competência genérica da profissão e uma competência específica que se desenvolva no contexto e na prática concreta da docência. Recordemos as categorias propostas por diversos estudiosos para investigar esse campo (personalidade, contexto, processo e resultado) que representou um oportuno estímulo à investigação sobre a "eficácia", não se baseando apenas na personalidade ou no resultado.

É necessário possuir diversas habilidades profissionais que se interiorizem no pensamento teórico e prático do professor mediante diversos componentes, entre os quais a formação como desenvolvimento profissional a partir da própria experiência (o que implicaria, segundo Berliner (1987), desenvolver habilidades metacognitivas).

Ao situar a profissão no quadro dos condicionantes de que falamos antes, contudo, percebemos que nas próximas décadas ela deverá desenvolver-se em uma sociedade em mudança, com um alto nível tecnológico e um vertiginoso avanço do conhecimento. Isso implica não apenas a preparação disciplinar, curricular, mediadora, ética, institucional, coletiva, mas também uma importante bagagem sociocultural (Imbernón, 1994) e de outros elementos que até o momento não pertenciam à profissão, como os intercâmbios internacionais, as relações com a comunidade, as relações com a assistência social etc. Assim, será necessário formar o professor na mudança e para a mudança.

Contudo, não podemos esquecer as condições em que ainda se move a profissão de ensinar, que não favorecem essa profissionalidade desenvolvida que precisa de um coletivo "mais equilibrado" profissionalmente, como os processos de instabilidade, a falta de gratificações morais e o isolamento que repercute na prática profissional e no profissionalismo coletivo: o ambiente de trabalho do professor, a tendência à rotina formal pelo desenvolvimento de um número limitado de esquemas práticos, a limitação das atribuições, seu incentivo profissional, a busca de indicadores de desempenho, a cultura pedagógica social, a solidão educativa, sua formação inicial muito padronizada, a hierarquização e burocratização crescentes, o baixo autoconceito profissional, a imaturidade do usuário, a falta de controle inter e intraprofissional e a possível desvalorização da ação pedagógica por parte das famílias (e da sociedade, portanto) e do próprio grupo profissional.

Outro fator é a não definição explícita de suas funções profissionais. Já me referi ao excesso de responsabilidade que a profissão docente está assumindo, o que torna difícil delimitar as funções profissionais e também comporta uma substancial mudança da profissionalização: novas exigências em relação à aprendizagem (um conceito de homogeneização cultural e ao mesmo tempo flexível), à organização, aos chamados temas transversais, uma pressão em favor de uma educação para a produtividade etc. Em suma, os professores estão assumindo responsabilidades educativas que corresponderiam a outros agentes de socialização.

A profissionalização do professor está diretamente ligada ao exercício de sua prática profissional, a qual está condicionada por uma rede de relações de poder. Se a prática é um processo constante de estudo, de reflexão, de discussão, de experimentação, conjunta e dialeticamente com o grupo de professores, se aproximará da tendência emancipadora, crítica, assumindo um determinado grau de poder que repercute no domínio de si mesmos.

Ideias-chave

- O conhecimento pedagógico é o utilizado pelos profissionais da educação, que se construiu e reconstruiu constantemente durante a vida profissional do professor em sua relação com a teoria e a prática.

- O conhecimento pedagógico especializado se legitima na prática e, mais do que no conhecimento das disciplinas, reside nos procedimentos de transmissão, reunindo características específicas como a complexidade, a acessibilidade, a observabilidade e a utilidade social.

- A competência profissional, necessária em todo processo educativo, será formada em última instância na interação que se estabelece entre os próprios professores, interagindo na prática de sua profissão.

- Nas próximas décadas, a profissão docente deverá desenvolver-se em uma sociedade em mudança, com um alto nível tecnológico e um vertiginoso avanço do conhecimento.

5

A profissão docente diante dos desafios da chamada sociedade globalizada, do conhecimento ou da informação

O debate e a análise dos aspectos anteriores, cada vez mais presentes no sistema social e educativo, devem desenvolver-se tendo em conta o novo quadro social: a realidade da desregulamentação social e econômica, as ideias e práticas neoliberais, a tão falada globalização ou mundialização, os indicadores de desempenho para medir a qualidade educativa, a falsa autonomia da educação e o avanço do gerencialismo educativo etc. Nesse sentido, é necessário estabelecer um debate sobre a análise das relações de poder e sobre as alternativas de participação (autonomia, colegialidade...) na profissão docente.

Em um primeiro momento, destacam-se três ideias fundamentais que devem ser analisadas no debate profissional:

• A existência ou não de um conhecimento profissional autônomo do professorado. Esse conhecimento profissional mais autônomo para aumentar o prestígio e o *status* profissional e social é possível? Há possibilidade de elaborar verdadeiros projetos de instituições educativas, explicitando os interesses dos diferentes agentes que permitam uma verdadeira participação para além da mera participação normativa e legal que favorece uma colegialidade artificial?

• A segunda ideia questiona a legitimação oficial da transmissão do conhecimento escolar que antes era imutável, mas hoje deixou de ser. Consequentemente, questiona também a estrutura da profissão docente, que talvez fosse adequada a uma época pré-industrial ou industrial, mas hoje em dia precisa pôr a comunidade educativa em contato com os diversos campos e meios do conhecimento e da experiência. A instituição educativa deve dividir o conhecimento que transmite com outras instâncias sociais. Zeichner (1999, p. 85) nos diz que:

"Outros trabalhos nessa linha [*refere-se à participação da comunidade*] demonstraram que uma das chaves para o sucesso acadêmico nas escolas, sobretudo para os alunos negros e para os de baixa posição socioeconômica, é a interação positiva entre os membros da comunidade e o pessoal da escola, uma interação que pode surgir da participação significativa da comunidade na tomada de decisões escolares".

• A terceira ideia é que a profissão docente foi um campo repleto de misticismos, de conhecimento cheio de contradições. Avançou-se mais no terreno das ideias e das palavras que no das práticas alternativas de organização. É preciso desenvolver novas práticas alternativas baseadas na verdadeira autonomia e colegialidade como mecanismos de participação democrática da profissão que permitam vislumbrar novas formas de entender a profissão, desvelar o currículo oculto das estruturas educativas e descobrir outras maneiras de ver a profissão docente, o conhecimento profissional necessário, a escola e sua organização educativa. Para tanto, temos de compreender o que ocorre ante as especificidades relativas às áreas do currículo, às estruturas espaço-temporais que impedem novas culturas de organização, à participação ativa da comunidade, à dinâmica e comunicação dos grupos, à escolarização pública, à veloz implantação de novas tecnologias da informação, à integração escolar de meninos e meninas com necessidades educativas especiais, ou ao fenômeno intercultural. Isso condiciona o conhecimento profissional a ser assumido: que tipo de profissional e de instituição educativa queremos para o futuro? que formação será necessária?

Devemos evitar a perspectiva denominada genericamente "técnica" ou "racional-técnica" e basear os programas de formação no desenvolvimento de competências (com um conceito determinado de competência como habilidade técnica) que consistem em determinados tipos de estratégias tendentes a realizar a mudança com procedimentos sistemáticos que pretendem fazer frente à complexidade educativa com garantias de êxito.

Como dizíamos anteriormente, a formação pretende obter um profissional que deve ser, ao mesmo tempo, agente de mudança, individual e coletivamente, e embora seja importante saber o que deve fazer e como, também é importante saber por que deve fazê-lo. É difícil generalizar situações de docência já que a profissão não enfrenta problemas e sim situações problemáticas contextualizadas.

Um fator importante na capacitação profissional é a atitude do professor ao planejar sua tarefa docente não apenas como técnico infalível, mas como facilitador de aprendizagem, um prático reflexivo, capaz de provocar a cooperação e participação dos alunos.

Por isso, na formação do profissional da educação é mais importante centrar a atenção em como os professores elaboram a informação pedagógica de que dispõem e os dados que observam nas situações da docência, e em como essa elaboração ou processamento de informação se projeta sobre os planos de ação da docência e em seu desenvolvimento prático. A formação do professor se fundamentará em estabelecer estratégias de pensamento, de percepção, de estímulos; estará centrada na tomada de decisões para processar, sistematizar e comunicar a informação. Desse modo, assume importância a reflexão sobre a prática em um contexto determinado, estabelecendo um novo conceito de investigação, em que a pesquisa qualitativa se sobrepõe à quantitativa. Finalmente insiste-se no estudo da vida em sala de aula, no trabalho colaborativo como desenvolvimento da instituição educativa e na socialização do professor.

Trata-se de formar um professor como um profissional prático-reflexivo que se defronta com situações de incerteza, contextualizadas e únicas, que recorre à investigação como uma forma de decidir e de intervir praticamente em tais situações, que faz emergir novos discursos teóricos e concepções alternativas de formação.

O processo de formação deve dotar os professores de conhecimentos, habilidades e atitudes para desenvolver profissionais reflexivos ou investigadores. Nesta linha, o eixo fundamental do currículo de formação do professor é o desenvolvimento da capacidade de refletir sobre a própria prática docente, com o objetivo de aprender a interpretar, compreender e refletir sobre a realidade social e a docência.

"A formação inicial e permanente do profissional de educação deve preocupar-se fundamentalmente com a gênese do pensamento prático pessoal do professor, incluindo tanto os processos cognitivos como afetivos que de algum modo se interpenetram, determinando a atuação do professor" (Gimeno, 1988, p. 61).

Mas o professor não deve refletir unicamente sobre sua prática, mas sua reflexão atravessa as paredes da instituição para analisar todo tipo de interesses subjacentes à educação, à realidade social, com o objetivo concreto de obter a emancipação das pessoas.

Enfim, a formação deveria dotar o professor de instrumentos intelectuais que sejam úteis ao conhecimento e à interpretação das situações complexas em que se situa e, por outro lado, envolver os professores em tarefas de formação comunitária para dar à educação escolarizada a dimensão de vínculo entre o saber intelectual e a realidade social, com a qual deve manter estreitas relações.

Esse enfoque, de conotações críticas, exige uma nova proposta na formação do professor que consiste em levar em conta o meio, o grupo, a instituição, a comunidade, as bases implícitas, as decisões e atitudes do professorado.

A formação do professor ou professora deve abandonar o conceito de professor/a tradicional, acadêmico ou enciclopédico e o do especialista-técnico (bem analisado por Jackson, 1991, em sua edição ampliada de *La vida en las aulas*, que serviu de estímulo para uma nova concepção da pesquisa sobre o professorado), próprio do enfoque de racionalidade técnica, cuja função primordial é transmitir conhecimento mediante a aplicação mecânica de receitas e procedimentos de intervenção projetados e oferecidos a partir de fora. Propugna-se um papel mais ativo do professor no planejamento, desenvolvimento, avaliação e reformulação de estratégias e programas de pesquisa de intervenção educacional de forma conjunta e com a comunidade que envolve a escola.

O tipo de formação inicial que os professores costumam receber não oferece preparo suficiente para aplicar uma nova metodologia, nem para aplicar métodos desenvolvidos teoricamente na prática de sala de aula. Além disso, não se tem a menor informação sobre como desenvolver, implantar e avaliar processos de mudança. E essa formação inicial é muito importante já que é o início da profissionalização, um período em que as virtudes, os vícios, as rotinas etc. são assumidos como processos usuais da profissão.

Ideias-chave

- É preciso desenvolver novas práticas alternativas baseadas na verdadeira autonomia e colegialidade como mecanismos de participação democrática da profissão que permitam vislumbrar novas formas de entender a profissão, revelar o currículo oculto das estruturas educativas e descobrir outras maneiras de ver a profissão docente, o conhecimento profissional necessário, a escola e sua organização educativa.

- Um fator importante na capacitação profissional é a atitude do professor ao planejar sua tarefa docente não apenas como técnico infalível e sim como facilitador de aprendizagem, como um prático reflexivo, capaz de provocar a cooperação e participação dos alunos.

- A formação do professor deveria basear-se em estabelecer estratégias de pensamento, de percepção, de estímulos e centrar-se na tomada de decisões para processar, sistematizar e comunicar a informação.

- A formação deveria dotar o professor de instrumentos intelectuais que possam auxiliar o conhecimento e interpretação das situações complexas com que se depara. Por outro lado, deveria envolver os professores em tarefas de formação comunitária para dar à educação escolarizada a dimensão de vínculo entre o saber intelectual e a realidade social, com a qual deve manter estreitas relações.

6

A formação como elemento essencial, mas não único, do desenvolvimento profissional do professor

Atualmente fala-se muito de desenvolvimento profissional do professor. Já comentei em outro lugar (Imbernón, 1997) o perigo de confundir termos e conceitos em tudo o que se refere à formação do professor. No meio anglo-saxão, predominantemente norte-americano, há uma similitude entre formação permanente e desenvolvimento profissional. Se aceitarmos essa similitude, veremos o desenvolvimento profissional como um aspecto muito restritivo, já que significaria que a formação é o único meio de que o professor dispõe para se desenvolver profissionalmente. A partir de nossa realidade, não podemos afirmar que o desenvolvimento profissional do professor deve-se unicamente ao desenvolvimento pedagógico, ao conhecimento e compreensão de si mesmo, ao desenvolvimento cognitivo ou teórico. Ele é antes decorrência de tudo isso, delimitado, porém, ou incrementado por uma situação profissional que permite ou impede o desenvolvimento de uma carreira docente.

A nosso ver, a profissão docente desenvolve-se por diversos fatores: o salário, a demanda do mercado de trabalho, o clima de trabalho nas escolas em que é exercida, a promoção na profissão, as estruturas hierárquicas, a carreira docente etc. e, é claro, pela formação permanente que essa pessoa realiza ao longo de sua vida profissional. Essa perspectiva é mais global e parte da hipótese de que o desenvolvimento profissional é um conjunto de fatores que possibilitam ou impedem que o professor progrida em sua vida profissional. A melhoria da formação ajudará esse desenvolvimento, mas a melhoria de outros fatores (salário, estruturas, níveis de decisão, níveis de participação, carreira, clima de trabalho, legislação trabalhista etc.) tem papel decisivo nesse desenvolvimento. Podemos realizar uma excelente formação e nos depararmos com o paradoxo de um desenvolvimento próximo da proletarização no professorado porque a melhoria dos outros fatores não está suficientemente garantida.

Concluindo, a formação é um elemento importante de desenvolvimento profissional, mas não é o único e talvez não seja o decisivo.

Também existe o risco de o termo desenvolvimento profissional, do modo como vem sendo aplicado ultimamente, ter conotações funcionalistas, quando definido apenas como uma atividade ou um processo para a melhoria das habilidades, atitudes, significados ou da realização de uma função atual ou futura. Não desejo considerá-lo desse modo em minha análise. A meu ver, há um processo dinâmico de desenvolvimento do professor, no qual os dilemas, as dúvidas, a falta de estabilidade e a divergência chegam a constituir aspectos do desenvolvimento profissional. Schön

(1992), em outros termos, apresenta-o como a existência de um conhecimento profissional exterior às situações cambiantes da prática.

Portanto, o desenvolvimento profissional do professor pode ser concebido como qualquer intenção sistemática de melhorar a prática profissional, crenças e conhecimentos profissionais, com o objetivo de aumentar a qualidade docente, de pesquisa e de gestão. Esse conceito inclui o diagnóstico técnico ou não de carências das necessidades atuais e futuras do professor como membro de um grupo profissional, e o desenvolvimento de políticas, programas e atividades para a satisfação dessas necessidades profissionais.

O professor precisa de novos sistemas de trabalho e de novas aprendizagens para exercer sua profissão, e concretamente daqueles aspectos profissionais e de aprendizagem associados às instituições educativas como núcleos em que trabalha um conjunto de pessoas. A formação será legítima então quando contribuir para o desenvolvimento profissional do professor no âmbito de trabalho e de melhoria das aprendizagens profissionais.

Outro aspecto que deve ser introduzido no conceito de desenvolvimento profissional refere-se ao coletivo ou institucional, ou seja, o de desenvolvimento de todo o pessoal que trabalha em uma instituição educativa. O desenvolvimento profissional de todo o pessoal docente de uma instituição educativa integra todos os processos que melhoram a situação de trabalho, o conhecimento profissional, as habilidades e atitudes dos trabalhadores etc. Portanto, nesse conceito seriam incluídas as equipes de direção, o pessoal não docente e os professores.

Considerar o desenvolvimento profissional mais além das práticas da formação e vinculá-lo a fatores não formativos e sim profissionais supõe uma redefinição importante, já que a formação não é analisada apenas como o domínio das disciplinas nem se baseia nas características pessoais do professor. Significa também analisar a formação como elemento de estímulo e de luta pelas melhorias sociais e trabalhistas e como promotora do estabelecimento de novos modelos relacionais na prática da formação e das relações de trabalho. Em relação a esse tema, Bolam (1980) em sua mensagem na conferência intergovernamental de Paris já argumentava que "as dificuldades encontradas nestes anos no que se refere a programas de formação (...) revelaram, por um lado, a pouca consideração da experiência pessoal e profissional dos professores, de suas motivações, do meio de trabalho — em suma, de sua situação de trabalhadores — e, por outro, a participação insuficiente dos interessados na tomada de decisões que lhes concernem diretamente. (...) Os professores devem poder beneficiar-se de uma formação permanente que seja adequada a suas necessidades profissionais em contextos educativos e sociais em evolução". Os modelos relacionais, tanto de trabalho como de formação, estabelecem um determinado conceito de desenvolvimento profissional.

Falar de desenvolvimento profissional, para além da formação, significa reconhecer o caráter profissional específico do professor e a existência de um espaço onde este possa ser exercido. Também implica reconhecer que os professores podem ser verdadeiros agentes sociais, capazes de planejar e gerir o ensino-aprendizagem, além de intervir nos complexos sistemas que constituem a estrutura social e profissional.

Ideias-chave

- O desenvolvimento profissional do professor não é apenas o desenvolvimento pedagógico, o conhecimento e compreensão de si mesmo, o desenvolvimento cognitivo ou teórico, mas tudo isso ao mesmo tempo delimitado ou incrementado por uma situação profissional que permite ou impede o desenvolvimento de uma carreira docente.

- O desenvolvimento profissional do professor pode ser um estímulo para melhorar a prática profissional, convicções e conhecimentos profissionais, com o objetivo de aumentar a qualidade docente, de pesquisa e de gestão.

- Considerar o desenvolvimento profissional mais além das práticas da formação e vinculá-lo a fatores não formativos e sim profissionais supõe uma redefinição importante. Significa também analisar a formação como elemento de estímulo e de luta pelas melhorias sociais e profissionais e como promotora do estabelecimento de novos modelos relacionais na prática da formação e das relações de trabalho.

7

A formação permanente do professor

Na formação permanente destacamos cinco grandes linhas ou eixos de atuação:

1. A reflexão prático-teórica sobre a própria prática mediante a análise, a compreensão, a interpretação e a intervenção sobre a realidade. A capacidade do professor de gerar conhecimento pedagógico por meio da prática educativa.

2. A troca de experiências entre iguais para tornar possível a atualização em todos os campos de intervenção educativa e aumentar a comunicação entre os professores.

3. A união da formação a um projeto de trabalho.

4. A formação como estímulo crítico ante práticas profissionais como a hierarquia, o sexismo, a proletarização, o individualismo, o pouco prestígio etc., e práticas sociais como a exclusão, a intolerância etc.

5. O desenvolvimento profissional da instituição educativa mediante o trabalho conjunto para transformar essa

prática. Possibilitar a passagem da experiência de inovação (isolada e individual) à inovação institucional.

Se considerarmos válidas as premissas anteriores, a capacidade profissional não se esgotará na formação técnica, mas alcançará o terreno prático e as concepções pelas quais se estabelece a ação docente. A formação terá como base uma reflexão dos sujeitos sobre sua prática docente, de modo a permitir que examinem suas teorias implícitas, seus esquemas de funcionamento, suas atitudes etc., realizando um processo constante de autoavaliação que oriente seu trabalho. A orientação para esse processo de reflexão exige uma proposta crítica da intervenção educativa, uma análise da prática do ponto de vista dos pressupostos ideológicos e comportamentais subjacentes. Isso supõe que a formação permanente deve estender-se ao terreno das capacidades, habilidades e atitudes e que os valores e as concepções de cada professor e professora e da equipe como um todo devem ser questionados permanentemente.

Abandona-se o conceito obsoleto de que a formação é a atualização científica, didática e psicopedagógica do professor para adotar um conceito de formação que consiste em descobrir, organizar, fundamentar, revisar e construir a teoria. Se necessário, deve-se ajudar a remover o sentido pedagógico comum, recompor o equilíbrio entre os esquemas práticos predominantes e os esquemas teóricos que os sustentam. Esse conceito parte da base de que o profissional de educação é construtor de conhecimento pedagógico de forma individual e coletiva.

Stenhouse (1987) diz que "o poder de um professor isolado é limitado. Sem o esforço dele jamais se poderá obter a melhoria das escolas; mas os trabalhos individuais são ineficazes se não estão organizados e apoiados". A formação personalista e isolada pode originar experiências de inovação, mas dificilmente levará a uma inovação da instituição e da prática coletiva dos profissionais.

Não devemos esquecer, porém, que a formação do profissional de educação está diretamente relacionada ao enfoque ou à perspectiva que se tem sobre suas funções. Por exemplo, se se privilegia a visão do professor que ensina de forma isolada, o desenvolvimento profissional será centrado nas atividades em sala de aula; se se concebe o professor como alguém que aplica técnicas, uma racionalidade técnica, o desenvolvimento profissional será orientado para a disciplina e os métodos e técnicas de ensino; se se baseia em um profissional crítico-reflexivo, ele será orientado para o desenvolvimento de capacidades de processamento da informação, análise e reflexão crítica, diagnóstico, decisão racional, avaliação de processos e reformulação de projetos, sejam eles profissionais, sociais ou educativos.

Quando se analisava a docência como profissão a partir de uma perspectiva unicamente técnica e funcionalista do conhecimento profissional, não se podia deixar de identificar as competências genéricas do professor para entrever os efeitos sobre os alunos (na época, a partir dos anos 70, muitas pesquisas foram dedicadas a isso. Um bom exemplo é o estudo de Oliva e Henson, 1980 (In: Schein, 1988), Flórida, EUA, em que identificam 23 competências genéricas divididas em básicas, técnicas, administrativas, de comunicação e interpessoais). Nessa perspectiva, distinguem-se três componentes no conhecimento profissional prático (Schein, 1988):

- Um componente de ciência básica ou disciplina subjacente em que se apoia a prática ou sobre o qual ela se desenvolve. Foi denominado conhecimento profissional do conteúdo.

- Um componente de ciência aplicada ou engenharia do qual derivam os procedimentos cotidianos de diagnóstico e solução de problemas como uma atividade instrumental. Poderia ser denominado conhecimento didático do conteúdo.

- Um componente de competências e atitudes que se relaciona com sua intervenção e atuação a serviço do cliente, utilizando o conhecimento básico e aplicado subjacente. Aqui poderíamos situar o conhecimento profissional psicopedagógico.

É uma perspectiva que atualmente tem sido questionada no que se refere ao desenvolvimento do conhecimento profissional. O questionamento deve-se a diversos fatores:

— A subordinação da profissão à produção do conhecimento por parte de outros.

— A desconfiança no professor, considerado incapaz de gerar conhecimento pedagógico e, portanto, de gerar conhecimento pedagógico válido.

— A separação entre teoria e prática, em que a prática é considerada uma aplicação da teoria, sem que haja uma relação dialética entre elas.

— O isolamento profissional, pelo desenvolvimento de um modelo metodológico de aula.

— O abandono dos problemas morais, éticos, sociais e políticos da educação, que são esquecidos e marginalizados no conhecimento formal.

— O impulso do corporativismo, em vez do trabalho conjunto para a melhoria coletiva.

— O fator da descontextualização, já que as soluções na prática podem ser aplicadas a qualquer contexto educativo.

Destacamos na crítica a essa formação o fator da contextualização, uma vez que as ações educativas sempre ocorrem em um contexto social e histórico determinado, que influi em sua natureza. A título de exemplo, é interessante a relação que se estabelece entre os valores e crenças de uma sociedade como a norte-americana, centrados no individualismo e em uma cultura da competição, e o tipo de orientação recebida pelo desenvolvimento profissional e pela formação do profissional de educação nesse país.

Partindo do contexto, não podemos deixar de passar ao cenário profissional. Este será fundamental na geração de conhecimento pedagógico e, nesse cenário complexo, as situações problemáticas que nele aparecem são apenas instrumentais, já que obrigam o profissional da educação a elaborar e construir o sentido de cada situação (Schön, 1992), muitas vezes única e irrepetível.

Essa nova epistemologia da prática educativa gera uma nova forma de ver a formação e o docente, e torna mais complexa a formação do professor. Essa crescente complexidade social e formativa faz com que a profissão docente e sua formação também se tornem, ao mesmo tempo, mais complexas, superando o interesse estritamente técnico aplicado ao conhecimento profissional, no qual o profissionalismo está ausente, já que o professor se converte em instrumento mecânico e isolado de aplicação e reprodução, dotado apenas de competências de aplicação técnica. Isso provoca uma alienação profissional, uma desprofissionalização, que tem como consequências a espera de que as soluções venham dos "especialistas", cada vez mais numerosos, e uma inibição dos processos de mudança entre o coletivo, ou seja, uma perda de profissionalismo e um processo acrítico de planejamento e desenvolvimento de seu trabalho e, portanto, do desenvolvimento profissional. Uma formação deve propor um processo que dote o professor de conhecimentos, habilidades e atitudes para criar profissionais reflexivos ou investigadores. O eixo fundamental do currículo de formação do professor é o desenvolvimento de instrumentos intelectuais para facilitar as capacidades reflexivas sobre a própria prática docente, e cuja meta principal é aprender a interpretar, compreender e refletir sobre a educação e a realidade social de forma comunitária. O caráter ético da atividade educativa também adquire relevância.

Já dissemos que centrar o desenvolvimento profissional nas práticas de sala de aula e da instituição supõe uma redefinição importante, já que a formação não é analisada apenas como o domínio das disciplinas nem se limita às características pessoais do professor. Significa estabelecer novos modelos relacionais na prática da formação (Imbernón, 1989). Meirieu (1987) nos relata a experiência de formação da Academia de Lyon, estabelecendo dois modelos relacionais em formação (já analisados em sua época por Fulkerson, 1954; Carlile, 1954 e Ryans, 1954, no *Journal of Educational Research*; e posteriormente por Clark e Yinger, 1979; Brofenbrenner, 1976; Tikunoff, 1979). Assim, em geral se estabelecem dois modelos:

1. *Modelo aplicacionista ou normativo*, estendido à prática formativa do desenvolvimento profissional, que supõe

a existência de soluções elaboradas por especialistas fora da classe. Tradicionalmente, trata-se de aulas-modelo e baseia-se na imitação. "Em sua versão tecnocrática, trata-se de ferramentas didáticas deduzidas da análise dos conteúdos disciplinares. O princípio da atividade pedagógica é, neste caso, a reprodução centrada no tratamento nocional" (Meirieu, 1987, p. 56). Supõe um progresso da solução com relação à situação prática.

Esteve (1987, p. 110) atribui à utilização desse modelo normativo, no desenvolvimento profissional na formação inicial (predominantemente) e na formação permanente, uma das causas do mal-estar docente pelo conceito de professor a ele subjacente (e que gera um "sentimento de culpa" por sua não adequação ao modelo, sobretudo do profissional de educação novato), já que são "programas de formação do professor orientados por um modelo de professor 'eficaz' ou 'bom'. Tal modelo, quase sempre implícito, reúne o conjunto de qualidades atribuídas ao 'bom professor' em uma sociedade e em um momento histórico determinados. Sobre a base desse modelo de 'bom professor' transformado em norma, definem-se as atividades e os enfoques da formação do profissional de educação, transmitindo ao futuro professor o que *deve fazer*, o que *deve pensar* e o que *deve evitar* para adequar sua atuação educativa ao modelo proposto".

É um modelo arraigado numa determinada imagem social e profissional do professor: a existência de inúmeros denominadores comuns nos traços de personalidade dos "bons professores".

Esse modelo relacional na formação é questionado, entre outras coisas, pela heterogeneidade e pela idiossincrasia dos coletivos escolares, pela necessidade de adaptar a metodologia de forma flexível e pela impossibilidade da perfeição metodológica.

2. *Modelo regulativo ou descritivo*. Caracteriza-se por situar o professor em situações de pesquisa-ação, suscitando a criatividade didática e sua capacidade de regulá-la segundo seus efeitos. A capacidade de elaborar itinerários diferenciados com diversas ferramentas com um caráter aberto e gerador de dinamismo e situações diferentes.

A relatividade desta nova proposta permite flexibilizar a profissão, que se mostra mais sensível e permeável às mudanças que ocorrem na sociedade e permite que percepções divergentes possam coexistir. Mas a socialização profissional do professor começa na formação inicial. É preciso analisar a fundo a formação inicial recebida pelo futuro professor ou professora, uma vez que a construção de esquemas, imagens e metáforas sobre a educação começam no início dos estudos que os habilitarão à profissão. A formação inicial é muito importante, já que o conjunto de atitudes, valores e funções que os alunos de formação inicial conferem à profissão será submetido a uma série de mudanças e transformações em consonância com o processo socializador que ocorre nessa formação inicial. É ali que se geram determinados hábitos que incidirão no exercício da profissão.

Ideias-chave

- A formação deve apoiar-se em uma reflexão dos sujeitos sobre sua prática docente, de modo a lhes permitir examinar suas teorias implícitas, seus esquemas de funcionamento, suas atitudes etc., realizando um processo constante de autoavaliação que oriente seu trabalho.

- A formação permanente deve estender-se ao terreno das capacidades, habilidades e atitudes e questionar permanentemente os valores e as concepções de cada professor e professora e da equipe como um todo.

- A formação consiste em descobrir, organizar, fundamentar, revisar e construir a teoria. Se necessário, deve-se ajudar a remover o sentido pedagógico comum, recompor o equilíbrio entre os esquemas práticos predominantes e os esquemas teóricos que os sustentam.

- Uma formação deve propor um processo que confira ao docente conhecimentos, habilidades e atitudes para criar profissionais reflexivos ou investigadores. O eixo fundamental do currículo de formação do professor é o desenvolvimento de instrumentos intelectuais para facilitar as capacidades reflexivas sobre a própria prática docente, cuja meta principal é aprender a interpretar, compreender e refletir sobre a educação e a realidade social de forma comunitária.

8

A formação inicial para a profissão docente

O Sistema Educacional sempre situou a formação do profissional da educação, ou seja, a profissionalização docente, no contexto de um discurso ambivalente, paradoxal ou simplesmente contraditório: de um lado, a retórica histórica da importância dessa formação; de outro, a realidade da miséria social e acadêmica que lhe concedeu.

Sabe-se, porém, que tratar do conhecimento profissional ou, o que é o mesmo, do conhecimento pedagógico do professor constitui um dilema e que esse é um tema que ainda deve continuar a ser definido, conceituado e analisado para além do debate funcionalista e administrativo da profissionalização docente, ou para além do tópico de pesquisa denominado ciclos vitais do professor (nos quais o conhecimento profissional é relacionado à idade e às características pessoais e profissionais, e que considera todo profissional igual, independente de seu contexto).

Isso nos obriga a repensar a aquisição do conhecimento profissional básico (referimo-nos ao conhecimento profissional de iniciação à profissão).

Nas últimas décadas fizeram-se muitas pesquisas sobre o conhecimento profissional dos professores. Sabemos que dificilmente o conhecimento pedagógico básico tem um caráter muito especializado, já que o conhecimento pedagógico especializado está estreitamente ligado à ação, fazendo com que uma parte de tal conhecimento seja prático (Elbaz, 1983; Connelly e Cladinin, 1985), adquirido a partir da experiência que proporciona informação constante processada na atividade profissional. A formação inicial deve fornecer as bases para poder construir esse conhecimento pedagógico especializado. Como diz Elbaz (1983), a análise do conhecimento do professor "responde melhor ao propósito de começar a ver a atividade docente como exercício de um tipo especial de conhecimentos com os quais, ao realizar seu trabalho, os professores enfrentam todo tipo de tarefas e problemas".

Em síntese, não se questionam apenas as propostas epistemológicas da forma de transmitir o conhecimento, mas sobretudo o fato de se esquecer o conhecimento profissional cultural, ou do contexto, e o conhecimento prático com toda sua carga de compromisso científico, político, eticidade e moralidade da profissão de educar.

A partir de perspectivas não técnicas, o conhecimento, em relação ao exercício do ensino em todo docente, encontra-se fragmentado em diversos momentos:

- A experiência como discente, cada vez maior, e que é partilhada com a maioria da população, uma experiência que supõe uma socialização (conhecimento comum) do ensino a partir das concepções e crenças (tema já abordado por Lortie, 1975, o primeiro a dar muita importância à experiência prévia como aluno ou aluna, que permanece como uma marca às vezes mais importante que a formação inicial técnica nas escolas de formação).

- A socialização (conhecimento) profissional mediante a formação inicial específica.

- A vivência profissional imediatamente posterior no campo da prática educacional que leva à consolidação de um determinado conhecimento profissional (assumindo-se esquemas, pautas e rotinas da profissão). Trata-se do chamado período de iniciação à docência.

- A formação permanente, que tem como uma de suas funções questionar ou legitimar o conhecimento profissional posto em prática. A formação permanente tem o papel de descobrir a teoria para ordená-la, fundamentá-la, revisá-la e combatê-la, se for preciso. Seu objetivo é remover o sentido pedagógico comum, para recompor o equilíbrio entre os esquemas práticos e os esquemas teóricos que sustentam a prática educativa.

Tudo isso implica partir de um conhecimento profissional dinâmico e não estático que se desenvolve ao longo da carreira profissional (parte do desenvolvimento profissional do professor juntamente com outros elementos profissionais) e, portanto, considerar a docência como uma profissão que possui determinados momentos de socialização (a falta de algum deles pode gerar um conhecimento parcial ou a consolidação de rotinas não baseadas no conhecimento considerado válido nesse momento, levando a questionar os professores empíricos que possuem apenas a primeira socialização com um conhecimento pedagógico comum); e que possui também determinadas características (o profissionalismo): algumas deterministas e apriorísticas, e outras consequências da idiossincrasia das pessoas e dos contextos particulares em que se move a profissão docente e sua inserção em uma instituição específica.

A primeira socialização, que denominei "aquisição do conhecimento pedagógico comum", aumentou com a democratização do sistema educativo. Os cidadãos transitam cada vez mais pelo sistema educativo e assumem uma determinada visão da educação. Essa socialização comum comporta assumir estereótipos e esquemas (quando não estigmas) que, em alguns casos, são difíceis de eliminar ou superar. Certos princípios de ação educativa serão interiorizados durante essa etapa escolar, em que se assumem determinados esquemas ou imagens da docência (Zeichner e Gore, 1990). Como superar certas imagens de práticas escolares obsoletas para o exercício da profissão de ensinar no futuro? Se a socialização comum adquire tanta importância nas ideias prévias do futuro professor, dever-se-ia partir de tais ideias nos programas de formação, já que pode ocorrer que no momento da prática profissional sejam recuperadas certas práticas vividas como aluno ou aluna, mais que algumas práticas mal-assimiladas na formação inicial. A formação inicial, como começo da socialização profissional e da assunção de princípios e regras práticas (Elbaz, 1983), deve evitar passar a imagem de um modelo profissional assistencial e voluntarista que frequentemente leva a um posterior papel de técnico-continuísta, que reflete um tipo de educação que serve para adaptar acriticamente os indivíduos à ordem social e torna o professor vulnerável ao entorno econômico, político e social. Ao contrário, dotar o futuro professor ou professora de uma bagagem sólida nos âmbitos científico, cultural, contextual, psicopedagógico e pessoal deve capacitá-lo a assumir a tarefa educativa em toda sua complexidade, atuando reflexivamente com a flexibilidade e o rigor necessários, isto é, apoiando suas ações em uma fundamentação válida para evitar cair no paradoxo de ensinar a não ensinar, ou em uma falta de responsabilidade social e política que implica todo ato educativo e em uma visão funcionalista, mecânica, rotineira, técnica, burocrática e não reflexiva da profissão, que ocasiona um baixo nível de abstração, de atitude reflexiva e um escasso potencial de aplicação inovadora. A estrutura da formação inicial deve possibilitar uma análise global das situações educativas que, devido à carência ou à insuficiência da prática real, se limitam predominantemente a simulações dessas situações.

É preciso estabelecer um preparo que proporcione um conhecimento válido e gere uma atitude interativa e dialética que leve a valorizar a necessidade de uma atualização permanente em função das mudanças que se produzem; a criar estratégias e métodos de intervenção, cooperação, análise, reflexão; a construir um estilo rigoroso e investigativo. Aprender também a conviver com as próprias limitações e com as frustrações e condicionantes produzidos pelo entorno, já que a função docente se move em contextos sociais que, cada vez mais, refletem forças em conflito. Isso significa que as instituições ou cursos de preparação para a formação inicial deveriam ter um papel decisivo na promoção não apenas do conhecimento profissional, mas de todos os aspectos da profissão docente, comprometendo-se com o contexto e a cultura em que esta se desenvolve. Devem ser instituições "vivas", promotoras da mudança e da inovação.

Os futuros professores e professoras também devem estar preparados para entender as transformações que vão surgindo nos diferentes campos e para ser receptivos e abertos a concepções pluralistas, capazes de adequar suas atuações às necessidades dos alunos e alunas em cada época e contexto. Para isso é necessário aplicar uma nova metodologia e, ao mesmo tempo, realizar uma pesquisa constante (o professor é capaz de gerar conhecimento pedagógico em sua prática) que faça mais do que lhes proporcionar um amontoado de conhecimentos formais e formas culturais preestabelecidas, estáticas e fixas, incutindo-lhes uma atitude de investigação que considere tanto a perspectiva teórica como prática, a observação, o debate, a reflexão, o contraste de pontos de vista, a análise da realidade social, a aprendizagem alternativa por estudo de casos, simulações e dramatizações.

O currículo formativo para assimilar um conhecimento profissional básico deveria promover experiências interdisciplinares que permitam que o futuro professor ou professora possa integrar os conhecimentos e os procedimentos das diversas disciplinas (ou disciplina) com uma visão psicopedagógica (integração e relação do conhecimento didático do conteúdo com o conhecimento psicopedagógico). E isso será obtido facilitando a discussão de temas, seja refletindo e confrontando noções, atitudes, realidades educativas etc., em suma analisando situações pedagógicas que os levem a propor, esclarecer, precisar e redefinir conceitos, a incidir na formação ou modificação de atitudes, estimulando a capacidade de análise e de crítica e ativando a sensibilidade pelos temas da atualidade. Também será necessário promover a pesquisa de aspectos relacionados às características dos alunos, às de seu processo de aprendizagem em relação a algum âmbito, às do contexto etc., tanto de maneira individual como cooperando com seus colegas, de modo a lhes permitir vincular teoria e prática, exercer sua capacidade de manejar a informação, confrontar os resultados obtidos com os previstos por eles e com os de outras pesquisas, com os conceitos já consolidados etc. E analisar também situações que lhes permitam perceber a grande complexidade do fato educativo em vez de assumir uma certa cultura profissional (isso supõe desenvolver algumas práticas nas escolas como um componente da formação realmente reflexivo), algumas competências que lhes permitam e os levem a tomar decisões, a confirmar ou modificar atitudes, valores; em suma, a configurar a própria opção pedagógica.

Essa formação, que confere o conhecimento profissional básico, deve permitir trabalhar em uma educação do futuro, o que torna necessário repensar tanto os conteúdos da formação como a metodologia com que estes são transmitidos, já que o modelo aplicado (planejamento, estratégias, recursos, hábitos e atitudes...) pelos formadores dos professores atua também como uma espécie de "currículo oculto" da metodologia. Ou seja, os modelos com os quais o futuro professor ou professora aprende perpetuam-se com o exercício de sua profissão docente já que esses modelos se convertem, até de maneira involuntária, em pauta de sua atuação.

No desenvolvimento do conhecimento profissional, a metodologia deveria fomentar os processos reflexivos sobre a educação e a realidade social por meio de diferentes experiências. Assim, se a formação deve ser direcionada para o desenvolvimento e a consolidação de um pensamento educativo, incluindo os processos cognitivos e afetivos que incidem na prática dos professores, esse pensamento educativo deveria ser produto de uma práxis, uma vez que no decorrer do processo não apenas se ensina, mas também se aprende. Consequentemente, nesse processo de formação as práticas nas instituições educativas deveriam aparecer como um elemento destacável, convertidas em "aprendizagens práticas" e não apenas em um mecanismo para assumir uma determinada cultura de trabalho, em que tem lugar um ensino clínico que transmite um certo conhecimento formal institucional. Como evitar que nas práticas de ensino (o componente prático da formação) se faça uma indução à obsolescência e não à inovação?

Sem cair no excesso de exagerar a importância das práticas para o desenvolvimento do conhecimento profissional, temos de considerá-las não apenas como uma atribuição a mais, mas devemos reformulá-las tendo em conta uma redefinição das relações que o aluno tem com a realidade de uma escola no período de formação inicial:

- As práticas nas instituições educativas devem favorecer uma visão integral dessas relações e devem levar necessariamente a analisar a estreita relação dialética entre teoria e prática educativa.
- As práticas devem ser o eixo central sobre o qual gire a formação do conhecimento profissional básico do professor.

- As práticas devem servir de estímulo às propostas teórico-práticas formais, de maneira a permitir que os alunos interpretem, reinterpretem e sistematizem sua experiência passada e presente, tanto intuitiva como empírica.

Seria preciso abandonar práticas docentes dos alunos de formação inicial que suponham simplesmente um processo acrítico; e, ao contrário, favorecer uma análise teórica e de contraste de ideias com a realidade observada. Isso implica efetuar uma análise das práticas para valorizar os pressupostos a elas subjacentes, aprendendo a decodificá-las e a contextualizá-las.

É preciso, pois, derrubar o predomínio do ensino simbólico e promover um ensino mais direto, introduzindo na formação inicial uma metodologia que seja presidida pela pesquisa-ação como importante processo de aprendizagem da reflexão educativa, e que vincule constantemente teoria e prática.

Também será necessária uma formação flexível, o desenvolvimento de uma atitude crítica que englobe formas de cooperação e trabalho em equipe, uma constante receptividade a tudo o que ocorre, já que a formação inicial deve preparar para uma profissão que exige que se continue a estudar durante toda a vida profissional, até mesmo em âmbitos que, nesta etapa de sua formação, nem sequer suspeitam. Não se trata, pois, de aprender um "ofício" no qual predominam estereótipos técnicos, e sim de apreender os fundamentos de uma profissão, o que significa saber por que se realizam determinadas ações ou se adotam algumas atitudes concretas, e quando e por que será necessário fazê-lo de outro modo.

Na formação para a aquisição do conhecimento profissional pedagógico básico, deve haver lugar para a mudança, e não temos de temer a utopia. Muitas coisas que hoje são realidade pareciam utópicas há apenas alguns anos. A formação do professor de qualquer etapa educativa não pode permitir que as tradições e costumes, que se perpetuaram com o passar do tempo, impeçam que se desenvolva e se ponha em prática uma consciência crítica nem que dificultem a geração de novas alternativas que tornem possível uma melhoria da profissão.

Ideias-chave

- A formação inicial deve fornecer as bases para poder construir um conhecimento pedagógico especializado.

- A formação inicial, como começo da socialização profissional e da assunção de princípios e regras práticas, deve evitar dar a imagem de um modelo profissional assistencial e voluntarista que frequentemente leva a um posterior papel de técnico-continuísta, reflexo de um tipo de educação que serve para adaptar de modo acrítico os indivíduos à ordem social e torna os professores vulneráveis ao entorno econômico, político e social.

- A formação inicial deve dotar de uma bagagem sólida nos âmbitos científico, cultural, contextual, psicopedagógico e pessoal que deve capacitar o futuro professor ou professora a assumir a tarefa educativa em toda sua complexidade, atuando reflexivamente com a flexibilidade e o rigor necessários, isto é, apoiando suas ações em uma fundamentação válida para evitar cair no paradoxo de ensinar a não ensinar.

• É necessário estabelecer uma formação inicial que proporcione um conhecimento válido e gere uma atitude interativa e dialética que conduza a valorizar a necessidade de uma atualização permanente em função das mudanças que se produzem; a criar estratégias e métodos de intervenção, cooperação, análise, reflexão; a construir um estilo rigoroso e investigativo.

• O currículo formativo para assimilar um conhecimento profissional básico deveria promover experiências interdisciplinares que permitissem ao futuro professor ou professora integrar os conhecimentos e os procedimentos das diversas disciplinas (ou disciplina) com uma visão psicopedagógica (integração e relação do conhecimento didático do conteúdo com o conhecimento psicopedagógico).

• Os formadores de professores atuam sempre como uma espécie de "currículo oculto" da metodologia da educação.

9

A formação permanente do professor experiente

Nesta etapa, a consolidação do conhecimento profissional educativo mediante a prática apoia-se na análise, na reflexão e na intervenção sobre situações de ensino e aprendizagem concretas e, é claro, em um contexto educativo determinado e específico.

Quando se relaciona o conhecimento profissional ao elemento contexto educativo, as características daquele se enriquecem com infinidades de matizes que não era possível antecipar em um contexto ideal ou simulado. É num contexto específico que o conhecimento profissional se converte em um conhecimento experimentado por meio da prática, ou seja, o trabalho, intervindo nos diversos quadros educativos e sociais em que se produz a docência. E quando falamos de quadros educativos e sociais referimo-nos tanto aos lugares concretos (instituições educativas) como aos ambientes sociais e profissionais em que se produz a educação (comunidade). Nesse conhecimento profissional interagem múltiplos indicadores: a cultura individual e das instituições educativas, a comunicação entre os professores e o pessoal não docente, a formação inicial recebida, a complexidade das interações da realidade, os estilos de direção escolar que se estabelecem em cada contexto, as relações e a compreensão por parte da comunidade escolar, as relações e os sistemas de apoio da comunidade profissional etc.

É no cenário profissional que se aplicam as regras da prática, em que o conhecimento profissional imaginário, intuitivo ou formal se torna real e explícito. Essa realidade é fundamental na geração de conhecimento pedagógico e, como se dá em um cenário complexo, as situações problemáticas que surgem nele não são apenas instrumentais, já que obrigam o profissional da educação a elaborar e construir o sentido de cada situação (Schön, 1992, 1998), muitas vezes única e irrepetível. Com o contato com a prática educativa, esse conhecimento se vê enriquecido com outros âmbitos: moral e ético (por todas as características políticas da educação); tomada de decisões (discernimento sobre o que deve ser feito em determinadas situações: disciplina, avaliação, seleção, habilitação...) etc.

Essa crescente complexidade social e educativa da educação (ainda maior no futuro) deveria fazer com que a profissão docente se tornasse, em consonância, menos individualista e mais coletiva, superando o ponto de vista estritamente individual aplicado ao conhecimento profissional, em que a colaboração entre os companheiros está ausente, já que o professor se converte em instrumento mecânico e isolado de aplicação e reprodução, com algumas competências limitadas à aplicação técnica em sala de aula.

A colaboração a que nos referimos, no sentido de construir um conhecimento profissional coletivo, exige que se desenvolvam nessa etapa instrumentos intelectuais para facilitar as capacidades reflexivas coletivas sobre a própria prática docente, e cuja meta principal não é outra além de aprender a interpretar, compreender e refletir sobre a educação e a realidade social de forma comunitária. Instrumentos intelectuais que deveriam ser desenvolvidos com a ajuda dos companheiros, o que deveria ser facilitado por meio de mecanismos e processos de formação permanente dos professores. Dizíamos antes que já não podemos entender a formação permanente apenas como atualização científica, pedagógica e cultural do professor, e sim sobretudo como a descoberta da teoria para organizá-la, fundamentá-la, revisá-la e combatê-la, se preciso. Trata-se de remover o sentido pedagógico comum e recompor o equilíbrio entre os esquemas práticos e os esquemas teóricos que os sustentam.

A formação permanente do professor deve ajudar a desenvolver um conhecimento profissional que lhe permita: avaliar a necessidade potencial e a qualidade da inovação educativa que deve ser introduzida constantemente nas instituições; desenvolver habilidades básicas no âmbito das estratégias de ensino em um contexto determinado, do planejamento, do diagnóstico e da avaliação; proporcionar as competências para ser capazes de modificar as tarefas educativas continuamente, em uma tentativa de adaptação à diversidade e ao contexto dos alunos; comprometer-se com o meio social. Tudo isso supõe uma formação permanente que desenvolva processos de pesquisa colaborativa para o desenvolvimento da organização, das pessoas e da comunidade educativa que as envolve.

Essa formação permanente se caracterizaria por estar fundamentada no futuro em diversos pilares ou princípios:

- Aprender continuamente de forma colaborativa, participativa, isto é, analisar, experimentar, avaliar, modificar etc. juntamente com outros colegas ou membros da comunidade.

- Ligar os conhecimentos derivados da socialização comum com novas informações em um processo coerente de formação (adequação das modalidades à finalidade formativa) para rejeitar ou aceitar os conhecimentos em função do contexto.

- Aprender mediante a reflexão individual e coletiva e a resolução de situações problemáticas da prática. Ou seja, partir da prática do professor, realizar um processo de prática teórica.

- Aprender em um ambiente formativo de colaboração e de interação social: compartilhar problemas, fracassos e sucessos com os colegas.

- Elaborar projetos de trabalho conjunto e vinculá-los à formação mediante estratégias de pesquisa-ação.

Tudo isso será obtido mediante processos em que se verifique:

- Abandono do individualismo e do celularismo na cultura profissional docente.

- Predisposição a uma revisão crítica da própria prática educativa mediante processos de reflexão e análise crítica.

- Modalidades de formação adequadas ao que o professor tem como finalidade formativa.

- Busca do significado das ações educativas, que devem ser compartilhadas com outras equipes docentes tendo em conta o contexto em que se forma.

- Formação como processo de definição de princípios e de elaboração de um projeto educativo conjunto que preveja o uso de atividades educativas mais adequadas à mudança na educação.

- Formação no lugar de trabalho, na própria instituição educacional.

Tudo isso implica uma revisão crítica dos conteúdos e dos processos da formação permanente do professor para que gerem um conhecimento profissional ativo e não passivo e não dependente nem subordinado a um conhecimento externo.

Entre as características necessárias para promover esse conhecimento profissional ativo, a formação permanente não deve oferecer apenas novos conhecimentos científicos, mas principalmente processos relativos a metodologias de participação, projetos, observação e diagnóstico dos processos, estratégias contextualizadas, comunicação, tomada de decisões, análise da interação humana.

A partir dessa perspectiva, a docência incorpora um conhecimento profissional que permite criar processos próprios, autônomos, de intervenção, em vez de buscar uma instrumentação já elaborada. Para tanto, será necessário submeter o conhecimento a uma crítica em função de seu valor prático, do grau de conformidade com a realidade e analisando os pressupostos ideológicos em que se baseia. Um processo que deve comportar uma coerência no desenvolvimento da aplicação desse conhecimento pedagógico, partindo da análise da situação: analisar necessidades, expectativas, problemas, demandas... Analisar os "problemas profissionais e pessoais", ou seja, partir deles e de uma metodologia de resolução de problemas profissionais. O conhecimento profissional consolidado mediante a formação permanente apoia-se tanto na aquisição de conhecimentos teóricos e de competências e rotinas como no desenvolvimento de capacidades de processamento da informação, análise e reflexão crítica em, sobre e durante a ação, o diagnóstico, a decisão racional, a avaliação de processos e a reformulação de projetos.

Ideias-chave

- O contato com a prática educativa enriquece o conhecimento profissional com outros âmbitos: moral e ético (por todas as características políticas da educação); tomada de decisões (discernimento sobre o que deve ser feito em determinadas situações: disciplina, avaliação, seleção, habilitação...).

- A formação permanente deve ajudar o professor a desenvolver um conhecimento profissional que lhe permita: avaliar a necessidade potencial e a qualidade da inovação educativa que deve ser introduzida constantemente nas instituições; desenvolver habilidades básicas no âmbito das estratégias de ensino em um contexto determinado, do planejamento, do diagnóstico e da avaliação; proporcionar as competências para ser capazes de modificar as tarefas educativas continuamente, numa tentativa de adaptação à diversidade e ao contexto dos alunos e comprometer-se com o meio social.

- É preciso revisar criticamente os conteúdos e os processos da formação permanente do professor para que gerem um conhecimento profissional ativo e não passivo, e não dependente de um conhecimento externo nem subordinado a ele.

10

O modelo indagativo ou de pesquisa como ferramenta de formação do professor

Esse modelo requer que o professor identifique uma área de interesse, colete informação e, baseando-se na interpretação desses dados, realize as mudanças necessárias no ensino. Mas esta é apenas uma definição inicial, porque na prática esse modelo pode adotar diferentes formas. Pode ser uma atividade individual, ou realizada em grupos pequenos, ou efetuada por todos os professores de uma escola. É um processo que pode ser formal ou informal, e pode ocorrer na classe, em um centro de professores ou pode ser o resultado de um curso na universidade.

A fundamentação desse modelo encontra-se na capacidade do professor de formular questões válidas sobre sua própria prática e se prefixar objetivos que tratem de responder a tais questões. Loucks-Horsley e outros (1987) assinalam três elementos que fundamentam essa concepção:

1. O professor é inteligente e pode propor-se uma pesquisa de forma competente e baseada em sua experiência.

2. Os docentes tendem a buscar dados para responder a questões relevantes e a refletir sobre eles para obter respostas aos problemas do ensino.

3. Os professores desenvolvem novas formas de compreensão quando eles mesmos contribuem para formular suas próprias perguntas e recolhem seus próprios dados para responder a elas.

Para Ingvarson (1987), a síntese dessa formulação seria que "a maneira mais eficaz de realizar a formação permanente é mediante o estudo, de forma cooperativa por parte dos próprios docentes, dos problemas e temas que integram sua intenção de realizar uma prática coerente com seus valores educativos (...). Os objetivos desse enfoque possibilitam um maior controle sobre o que pode ser considerado um conhecimento válido para os professores".

As bases desse modelo de formação poderiam remontar às propostas de Dewey, que escreveu que os professores precisam de "uma ação reflexiva". Zeichner (1983), um dos impulsionadores atuais desse modelo de formação, por sua vez assinala que há mais de 30 anos tem sido proposto o tema dos "professores como pesquisadores sobre a ação", dos "professores como inovadores", "professores que se autodirigem" e "professores como observadores participantes". Na segunda metade dos anos 80, há uma tendência que promove a necessidade de que os pesquisadores e os que desenvolvem propostas curriculares colaborem com os professores no momento de encontrar respostas para os problemas da escola e da sala de aula. Nesse sentido, a pesquisa-ação apresenta-se como uma perspectiva eficaz que, a partir do próprio professor, pode ajudá-lo a encontrar respostas para os problemas do ensino (Elliott, 1990, 1993), ao mesmo tempo em que favorece um modelo de formação que permite preencher o vazio que existe entre a pesquisa e a prática, além de permitir que os professores possam desenvolver suas habilidades na tomada de decisões. Um dos elementos mais importantes que fundamenta esse modelo é que a pesquisa é importante para o professor, pois por meio dela detecta e resolve problemas e, nesse contexto, pode crescer como indivíduo.

Embora, como se disse, esse modelo possa apresentar diversas formas — seu desenvolvimento só se encontra limitado pela imaginação — e seguir diversos processos, é possível assinalar alguns elementos em comum que configuram os passos deste modelo de formação:

(a) Os professores e professoras identificam um problema ou um tema de seu interesse a partir de uma observação ou uma conversa reflexiva.

(b) Propõem formas diferentes de recolher a informação sobre o problema inicial, que pode implicar tanto um estudo bibliográfico como partir dos dados obtidos em sala de aula ou na escola.

(c) Esses dados são analisados individualmente ou em grupo.

(d) Por fim, são realizadas as mudanças pertinentes.

(e) E volta-se a obter novos dados e ideias para analisar os efeitos da intervenção realizada e continuar o processo de formação a partir da prática.

Durante essas fases pode ser necessária ajuda externa, que pode concretizar-se em uma formação específica sobre o tema ou o problema, metodologia de pesquisa ou sobre qualquer outro processo que ajude o professor a dar sentido a suas próprias experiências. Seja como for, esse processo de formação pode contribuir para mudar o conhecimento do professor (p. ex., facilitando uma relação diferente entre ensino e aprendizagem), o pensamento (p. ex., favorecendo estratégias de resolução de problemas, aumentando sua complexidade cognitiva), melhorando as formas de comunicação e de tomada de decisões grupais. Quando atuam como pesquisadores, os professores têm mais condições de decidir quando e como aplicar os resultados da pesquisa que estão realizando; sua experiência os ajuda a colaborar mais uns com os outros e, por fim, eles aprendem a ser professores melhores, sendo capazes de transcender o imediato, o individual e o concreto.

Mas a principal contribuição desse modelo é que, quando os professores trabalham juntos, cada um pode aprender com o outro. Isso os leva a compartilhar evidências, informação e a buscar soluções. A partir daqui os problemas importantes das escolas começam a ser enfrentados com a colaboração entre todos. Com isso aumentam as expectativas que favorecem os estudantes, permitindo que os professores reflitam sozinhos ou com seus colegas sobre os problemas que os afetam.

No entanto, há um conjunto de características organizacionais referentes à formação que sempre deve ser levado em conta:

(a) A formação requer um clima de comunicação e colaboração incondicional entre os professores, uma organização minimamente estável nas instituições educacionais. Tudo isso contribui para atingir os objetivos propostos.

(b) Considera-se fundamental que no momento de avaliar os resultados da formação, os professores participem no planejamento dessa avaliação e suas opiniões sejam levadas em conta.

(c) A formação é tanto mais efetiva quanto mais se aproxima do contexto organizacional do trabalho (formação na escola).

(d) Por fim, os professores só mudam suas crenças e atitudes de maneira significativa quando percebem que o novo programa ou a prática que lhes são oferecidos repercutirão na aprendizagem de seus alunos.

A eleição da pesquisa como base da formação tem um substrato ideológico, ainda que implícito. Parte-se da constatação de que, nas condições de mudança contínua em que se encontra a instituição escolar, o professor deve analisar e interiorizar a situação de incerteza e complexidade que caracteriza sua profissão e deve renunciar a qualquer forma de dogmatismo e de síntese pré-fabricada. Assim, há hoje uma tendência clara a buscar ações formativas que permitam organizar-se com base no trabalho em grupo, centrar-se em um trabalho colaborativo para a solução de situações problemáticas da classe ou da escola. Essas ações fundamentam-se em procedimentos relativos a metodologias de participação, projetos, observação e diagnóstico dos processos, estratégias contextualizadas, comunicação, tomada de decisões, análise da interação humana etc.

As ações tendem a um processo de participação inerente a situações problemáticas que não pode ser levado a cabo apenas mediante uma análise teórica da situação em si. A situação observada deve ser reinterpretada no sentido de que precisa de uma solução, ou seja, deve produzir-se uma modificação na realidade.

Desse ponto de vista, a ação possibilita uma formação baseada tanto na aquisição de conhecimentos teóricos como no desenvolvimento de capacidades de processamento da informação, análise e reflexão crítica em, sobre e durante a ação, diagnóstico, decisão racional, avaliação de técnicas e reformulação de projetos etc. E isso é obtido graças à interação entre as pessoas.

Ideias-chave

- O modelo de pesquisa na formação do professor fundamenta-se na capacidade do professor de formular questões válidas sobre sua própria prática e fixar-se objetivos que tratem de responder a tais questões.

- Quando os professores trabalham juntos, cada um pode aprender com o outro. Isso os leva a compartilhar evidências e informação e a buscar soluções. A partir daqui os problemas importantes das escolas começam a ser enfrentados com a colaboração entre todos, aumentando as expectativas que favorecem os estudantes e permitindo que os professores reflitam sozinhos ou com os colegas sobre os problemas que os afetam.

- A eleição da pesquisa como base da formação tem um substrato ideológico, ainda que implícito.

Parte-se da constatação de que, nas condições de mudança contínua em que se encontra a instituição escolar, os professores devem analisar e interiorizar a situação de incerteza e complexidade que caracteriza sua profissão e devem renunciar a qualquer forma de dogmatismo e de síntese pré-fabricada.

11

A formação a partir da escola como uma alternativa de formação permanente do professor

A "formação centrada na escola" surgiu como modelo institucionalizado no Reino Unido em meados de 1970, por meio do *Advisory Council for the Suplly and Training of Teachers* (ACSTT), que, independentemente de suas origens, nasceu no seio de algumas recomendações políticas relacionadas à distribuição dos escassos recursos educativos para a formação permanente dos professores (Elliott, 1990). A proposta baseia-se no movimento denominado *Desenvolvimento curricular baseado na escola*.

Ao final da Segunda Guerra Mundial e graças, entre outros, às contribuições de Lewin, desenvolve-se um conjunto de técnicas de intervenção institucional para analisar uma organização como a instituição educativa. Essas técnicas são as seguintes:

1) Diagnóstico da organização com a finalidade de reunir uma série de dados.

FORMAÇÃO DOCENTE E PROFISSIONAL

2) Devolução da informação à organização.
3) Planejamento: tradução do que foi feito antes em um projeto.
4) Aplicação.
5) Projeto baseado nas necessidades sentidas pelos próprios participantes.
6) Participação.
7) Modificação da estrutura "cultural" da organização.

A formação centrada na escola envolve todas as estratégias empregadas conjuntamente pelos formadores e pelos professores para dirigir os programas de formação de modo a que respondam às necessidades definidas da escola e para elevar a qualidade do ensino e da aprendizagem em sala de aula e nas escolas. Quando se fala de formação centrada na escola, entende-se que a instituição educacional transforma-se em lugar de formação prioritária diante de outras ações formativas. A formação centrada na escola é mais que uma simples mudança de lugar da formação.

Não é apenas uma formação como conjunto de técnicas e procedimentos, mas tem uma carga ideológica, valores, atitudes, crenças. Não é, portanto, uma simples transferência física, nem tampouco um novo agrupamento de professores para formá-los, e sim um novo enfoque para redefinir os conteúdos, as estratégias, os protagonistas e os propósitos da formação.

A formação centrada na escola pretende desenvolver um paradigma colaborativo entre os professores. Esse paradigma colaborativo baseia-se em uma série de pressupostos:

1) A escola como foco do processo "ação-reflexão-ação" como unidade básica de mudança, desenvolvimento e me-

lhoria. Implantar uma inovação na escola não é o mesmo que fazer dela o sujeito e o objeto de mudança. Portanto, é preciso promover a autonomia das escolas nesse sentido e as condições necessárias para que tal autonomia ocorra: capacidade de mudança e de promover sua própria mudança; desenvolvimento progressivo; melhoria.

2) Para uma reconstrução da cultura escolar como objetivo não apenas final, mas também de processo, pois a escola deve aprender a modificar sua própria realidade cultural.

3) Aposta em novos valores. Em vez da independência, propor a interdependência; em vez do corporativismo profissional, a abertura profissional; em vez do isolamento, a comunicação; em vez da privacidade do ato educativo, propor que ele seja público; em vez do individualismo, a colaboração; em vez da dependência, a autonomia; em vez da direção externa, a autorregulação e a crítica colaborativa.

4) A colaboração, mais que uma estratégia de gestão, é uma filosofia de trabalho.

5) Não é uma tecnologia que se pode aprender, e sim um processo de participação, envolvimento, apropriação e pertença.

6) Respeito e reconhecimento do poder e capacidade dos professores.

7) Redefinição e ampliação da gestão escolar.

A instituição educacional é vista como "nicho ecológico para o desenvolvimento e a formação". O professor é sujeito e não objeto de formação. Parte da premissa de que o profissional de educação também possui uma epistemologia prática, possui um conhecimento e um quadro teórico construído a partir de sua prática. Por isso é necessário um modelo de aprendizagem cujas metas sejam dirigir-se a si mesmo e orientar-se para a capacitação para a autonomia e cujas características principais sejam: criação de atitudes de valorização e respeito; presença de um currículo de formação articulado em torno das necessidades e aspirações dos participantes; estabelecimento de relações de estímulo e questionamento mútuo.

Nesse processo identificam-se quatro fases:

1. Preparação: inclui o começo da experiência e a negociação sobre a participação e o controle.
2. Revisão: inclui o planejamento, instrumentação, mobilização de meios, obtenção de informação, conclusões etc.
3. Desenvolvimento: planeja-se e implementa-se a inovação.
4. Institucionalização ou manutenção da inovação.

Esse enfoque baseia-se na reflexão deliberativa e na pesquisa-ação, mediante as quais os professores elaboram suas próprias soluções em relação aos problemas práticos com que se deparam. "Nessa perspectiva da formação permanente do professor centrada na escola, a melhoria da prática profissional baseia-se, em última instância, na compreensão que os próprios professores têm de seus papéis e tarefas enquanto tais e não na que se requer a partir de um ponto de vista objetivo por um sistema impessoal" (Elliott, 1990, p. 245).

A partir desse enfoque, a formação dos docentes converte-se em um processo de autodeterminação baseado no diálogo, à medida que se implanta um tipo de compreensão compartilhada pelos participantes, sobre as tarefas profissionais e os meios para melhorá-las, e não, como no enfoque anterior, um conjunto de papéis e funções que são aprimorados mediante normas e regras técnicas.

Abre-se uma nova perspectiva que é ver a instituição educativa como agente de mudança. Pouco a pouco começa-se a abandonar a rigidez do enfoque formal das escolas, vistas a partir de suas estruturas, de seus papéis, seus objetivos e regulamentações oficiais. No fundo, esta é uma concepção extraída do mundo empresarial e aplicada à escola como organização. Esse enfoque, também chamado racional, começa a perder força no momento de analisar e conhecer as instituições educativas, devido principalmente ao fato de conceituar a instituição a partir de uma perspectiva formalista, estática e funcionalista, sem chegar a penetrar nas estruturas e dinâmicas reais das escolas.

Assim, adquire cada vez mais força outra maneira de analisar as instituições educacionais, o chamado enfoque fenomenológico e crítico, para o qual a escola, como organização, apresenta alguns aspectos multidimensionais: estabelecem-se relações interpessoais entre os membros da comunidade educativa; verificam-se crenças, pressupostos; gera-se uma série de processos organizacionais e processos de construção social e de interação constantes; também se estabelecem componentes e valores políticos; não há objetivos claros, mas as metas são muito ambíguas; são instituições em que a estrutura organizacional nem sempre é estável e sólida, mas se apresenta como uma associação fraca e sobretudo são instituições que devem ser analisadas no contexto de sua cultura própria.

Na maioria das instituições educacionais detecta-se uma série de elementos que distorcem o funcionamento e a atividade normal e requerem um processo de desenvolvimento e melhoria da escola. Alguns desses problemas poderiam ser:

a) Funcionamento celularista ou "celularismo escolar": os membros da comunidade educacional assumem condutas e hábitos de trabalho em que predominam o individualismo, a autonomia exagerada, a privacidade.

b) Tendência à burocratização: presta-se mais atenção aos formalismos e simbolismos nas escolas que aos processos reais de ensino-aprendizagem.

c) Falta de valorização e estima de seu trabalho.

d) Introdução de "modismos" (ex., currículo, módulos, avaliação contínua...) que no fundo não supõem uma mudança radical nas instituições.

e) Condições de trabalho nas escolas (espaços, salas de aula, material, quadros de pessoal adequados, número apropriado de alunos por classe).

Um elemento básico dessa formação é a necessidade de redefinir as funções, os papéis e a finalidade da escola: entende-se como criação dos "horizontes escolares" e serve como marco para estabelecer e esclarecer, por meio do diálogo e da reflexão conjunta, o significado, a finalidade e a razão das metas escolares, bem como decidir e planejar a ação como um trabalho educativo conjunto para se atingir um objetivo; a criação de uma série de planos de ação para atingi-las e o estabelecimento de uma ação-reflexão conjunta para o desenvolvimento e a melhora. Também se deve atentar para as variáveis organizacionais que facilitem o trabalho em sala de aula como os horários, as reuniões, a política de avaliação da escola, as relações com o restante da comunidade educativa etc. E nas escolas é preciso promover um clima/cultura de colaboração que deve centrar-se em criar participação, no sentido de tomar decisões compartilhadas; de delegar; de formar equipes; de trabalhar com professores. Com essa formação, pretende-se que se "reconstruam" as instituições por fora e por dentro.

No informe da OCDE (1985) faz-se uma série de recomendações sobre a formação centrada na escola, que poderia ser resumida da seguinte maneira:

1) A estratégia de formação centrada na escola mostrou-se adequada às necessidades dos professores e das escolas.

2) Ainda assim, essa modalidade está pouco desenvolvida e relativamente pouco aplicada.

3) A administração deve dar maior autonomia às escolas.

4) Essa modalidade não deve excluir outras modalidades de formação.

5) A melhoria da escola não afeta apenas os professores, mas toda a comunidade educativa (funcionários, alunos, pais, representantes, instituições locais etc.) que também deve participar do projeto.

6) A natureza da formação com seu caráter de sensibilidade ao contexto, evolutivo, reflexivo, com continuidade, participação etc. torna mais viável a inovação da instituição educativa.

Ideias-chave

- A formação centrada na escola transforma a instituição educacional em lugar de formação prioritário em relação a outras ações formativas. É mais que uma simples mudança de lugar em que ocorre a formação.

- A formação centrada na escola pretende desenvolver um paradigma colaborativo entre os profissionais de educação.

- A formação centrada na escola baseia-se na reflexão deliberativa e na pesquisa-ação, mediante as quais os professores elaboram suas próprias soluções em relação com os problemas práticos com que se defrontam.

- Na formação centrada na escola, a formação de professores converte-se em um processo de autodeterminação baseado no diálogo, na medida em que se implanta um tipo de compreensão compartilhada pelos participantes, sobre as tarefas profissionais e os meios para melhorá-las, e não um conjunto de papéis e funções que são aprimorados mediante normas e regras técnicas.

- Um elemento básico da formação centrada na escola é a necessidade de redefinir as funções, os papéis e a finalidade da instituição educacional: entende-se como a criação dos "horizontes escolares" e serve como marco para estabelecer e esclarecer, por meio do diálogo e da reflexão conjunta, o significado, a finalidade e a razão das metas escolares, assim como decidir e planejar a ação como um trabalho educativo conjunto para o sucesso da educação de todos os alunos e alunas.

12

O formador ou a formadora do profissional de educação como assessor de formação permanente

Há alguns anos a figura do assessor ou assessora (ou também formador de formadores) tem sido objeto de debate e institucionalização. Sua figura surgiu mais ou menos por volta dos anos 70 como uma revisão da figura do "especialista externo à escola", proveniente de profissionais de outras instituições, universidades etc., que deu lugar a um conceito de assessoria em que predominam profissionais provenientes da experiência escolar. Aparece e se consolida a assessoria entre iguais.

Embora o processo de assessoria seja recente no campo educacional, não o é tanto em outros campos como a medicina, a sociologia, a psicologia social, a psicologia organizacional etc. Há, portanto, uma bagagem de conhecimentos sobre o trabalho de assessoria ou apoio externo, ainda que em campos de conhecimento complementares à educação.

Durante os últimos anos realizaram-se estudos e teses de doutoramento sobre o tema. É interessante comprovar como a assessoria não é um processo de domínio ou de controle do conhecimento por parte de outras pessoas alheias à prática dos assessorados, mas se revela um instrumento de melhoria. Assim, começam a aparecer diversos tipos de assessores:

— para a formação dos professores;
— de programas educativos especiais; e
— de desenvolvimento curricular.

O assessor começa a sofrer dessa esquizofrenia de se formar teoricamente em técnicas de desenvolvimento e melhoria (projetos) ou em técnicas de pesquisa e se introduz em um certo modelo de treinamento que comporta certas contradições com a figura do assessor que provém da mesma prática que o professor e tem um conceito de ajuda entre iguais. É uma espécie de angústia existencial surgida na função de prestar assessoria, que motivou tanto uma retirada para os gabinetes como o retorno às escolas.

O Sistema Educacional não chegou a aceitar essa função e resistiu muito em implantá-la; daí a facilidade em eliminá-la. As tarefas do assessor ou assessora, por exemplo, em uma Escola de professores, não se limitam apenas ao terreno da assessoria pedagógica, do planejamento de tarefas formativas, da assessoria a escolas, mas eles também executam trabalhos de gestão e administração da formação e assume responsabilidades na equipe pedagógica. Isso exige que sua formação seja polivalente, mas também comporta um risco, o de voltar a modelos prescritivos e técnicos de assessoria em vez de propostas decididas pelos próprios professores. Seria como voltar ao "especialista infalível" mas entre iguais, o que certamente seria prejudicial às práticas formativas e às instituições de formação.

Posteriormente, no final da década de 1990, as novas ideologias, os novos enfoques e o ressurgimento de antigos paradigmas (alguns que pareciam moribundos) está nos levando de volta a um conceito de assessoria de especialistas, de conhecimento infalível, de conhecimento especialista de cima para baixo. Processo lógico de volta a uma racionalidade técnica.

E é preferível eliminar a assessoria entre iguais se estes devem assessorar procedimentos técnicos, administrativos, lineares e uniformes. Para isso, o Sistema já tem outros mecanismos de "apoio" às escolas.

Um assessor de formação, do ponto de vista que analiso e defendo, deveria intervir a partir das demandas dos professores ou das instituições educacionais com o objetivo de auxiliar no processo de resolver os problemas ou situações problemáticas profissionais que lhes são próprios e subordinando eventuais contribuições formativas à problemática específica mediante uma negociação prévia e envolvendo os professores num processo de compromisso de reflexão na ação. O papel de guia e mediador entre iguais, o de amigo crítico que não prescreve soluções gerais para todos, mas ajuda a encontrá-las dando pistas para transpor os obstáculos pessoais e institucionais e para ajudar a gerar um conhecimento compartilhado mediante uma reflexão crítica, são importantes características da assessoria educacional e nos dão uma ideia do importante papel que lhe atribuo. Para tanto, a comunicação, o conhecimento da prática, a capacidade de negociação, o conhecimento de técnicas de diagnóstico, de análises de necessidades, o favorecimento da tomada de decisões e o conhecimento da informação são temas fundamentais na assessoria. Trata-se de transformar-se em assessores de processo (Schein, 1988) ou em elementos mediadores entre o conhecimento e o grupo.

Há experiências internacionais de formação de assessores que concordam que esta formação deveria basear-se em uma preparação no trato com os grupos, identificação de necessidades, técnicas de aprendizagem de adultos (que não é o trabalho tradicional e comporta diferenças com o processo de educação escolar já que os professores têm mais homogeneidade e mais nível), a adoção de técnicas de aprendizagem, o aprimoramento de capacidades (sobretudo em estruturar problemas) e na reflexão e avaliação sobre processos formativos.

Algumas capacidades para ser "assessores praticantes-pesquisadores" ou "assessores acompanhantes" (Meirieu, 1987), ou "amigo crítico" como o denomina Eisner (1985), ou práticos reflexivos (Schön, 1992), capazes de trabalhar lado a lado com os professores na busca de novas soluções, escutar ativamente, facilitar relações construtivas e reflexivas, compartilhar as inovações com eles, mas capazes também de possuir uma perspectiva reflexiva e crítica (profissional crítico) que só sua solidariedade tornará aceitável (respeitando os problemas por mais triviais que pareçam, mas rigorosos com os processos de reflexão, planejamento e avaliação...). Como afirma McDonald (1990), os professores são maus implantadores das ideias dos outros. Isso se produz quando eles possuem o significado das novas ideias e as transferem para a prática de sala de aula. Em contrapartida, essa atividade é mais efetiva se parte da noção de um profissional que atua em uma comunidade responsável em um processo relacional e interativo, mais do que se provém de uma direção hierárquica.

Mas isso significa que o assessor ou a assessora não pode realizar tarefas de especialista infalível? Essa questão é resolvida no momento em que dizemos que a função de assessoria comporta possuir um conhecimento e pode ser exercida por um especialista infalível quando seja necessário para transpor um obstáculo diagnosticado, nunca para dar uma solução uniforme. Podemos explicar a omelete como quisermos, mas no fundo o que será útil às pessoas será mostrar-lhes os ingredientes, explicar-lhes como fazer uma omelete e permitir que cada um a faça a seu gosto.

Nesse sentido, a comunicação horizontal será mais efetiva que a vertical para transmitir e compartilhar as ideias e práticas educativas. O assessor ou a assessora realiza um papel mediador que consiste em oferecer aos professores um determinado "conhecimento" para que se apropriem dele e o interiorizem em um contexto determinado com uma finalidade de solução de situações práticas.

No futuro, a formação precisará de assessores capazes de identificar situações específicas, ou seja, uma capacidade de diagnóstico tanto na análise democrática de necessidades e das motivações dos professores como das condições profissionais, sociais e culturais existentes em determinado lugar e em certo momento, em vez de se preparar para dar soluções genéricas para os problemas educacionais. Também deverão estar preparados para a ação formativa e deverão saber empregar estratégias adequadas para intervir no identificado nos processos de diagnóstico.

Desde o início da formação do professor, é preciso erradicar a construção da figura do "assessor como especialista infalível". Schein (1988) denomina-o de modelo de aquisição de serviços e modelo de doutor-paciente, em que o assessor:

— Espera que os professores confiem em seu conhecimento e sabedoria superiores para identificar, esclarecer e resolver seus problemas.

— Aborda a comunicação em uma só direção, fala e prescreve enquanto o professor ouve e obedece. O professor pode perguntar assumindo uma postura de deferência, mas não pode "questionar" presumindo ter conhecimento. Há pouca reciprocidade na comunicação porque "o especialista" não está interessado em desenvolver uma visão global da situação do professor.

— Entende e maneja a situação em que se encontram exclusivamente em termos de categorias de conhecimento especializado que ele domina.

— Aplica o conhecimento especializado de forma mais intuitiva que reflexiva, baseando-se na sabedoria do sentido comum englobada na cultura profissional.

Erradicar esses comportamentos implica ver a assessoria como um trabalho social com sujeitos (Freire, 1994). Nessa linha, e a partir de nossa perspectiva, um assessor ou assessora tem sentido quando não é um especialista que a partir de fora (mas aproximando-se de suas situações problemáticas) analisa a prática educativa dos professores, mas quando, assumindo uma posição de igualdade e de colaboração, diagnostica obstáculos, fornece ajuda e apoio ou participa com os professores, refletindo sobre sua prática.

Isso significa que o professor, que parte de uma realidade determinada, busca soluções para as situações problemáticas que a prática traz consigo. O assessor deve ajudar a diagnosticar os obstáculos que esses professores encontram para chegar a sua "própria solução contextualizada". Essa função de diagnosticador de obstáculos é a que lhe confere a qualidade de assessor, e sua formação assumirá aspectos diferenciadores.

Mas não podemos afirmar que a figura do assessor ou assessora está a salvo de perigos e problemas, seja por sua transitoriedade, pela excessiva especialização de caráter técnico, pela burocratização, pela utilização do conhecimento especializado como parcela de poder e hierarquia, seja pelo trabalho não isento de proposições éticas e ideológicas, por ser uma prática educativa profissionalmente comprometida.

Holly, 1991, em sua proposta de desenvolvimento organizacional das instituições escolares, destaca a figura do assessor externo dentro dos seis C (a letra com que se iniciam as palavras-chave em inglês, o que não ocorre em nossa língua):

— Um objetivo claramente definido do trabalho que se está executando.
— Que envolva todos os participantes.
— Que os capacite a formar um grupo para a pesquisa conjunta.
— Integrado em uma cultura de desenvolvimento.
— Apoio como se fosse um amigo crítico.
— Em um contexto geral que seja congruente.

O fato de assumir um novo espaço profissional, como intelectual comprometido com a prática, indica que o assessor deve envolver-se em um trabalho de inovação das práticas educativas nas quais ele também pode experimentar e aprender com os demais.

Ideias-chave

- Uma assessoria de formação deveria intervir a partir das demandas dos professores ou das instituições educativas com o objetivo de ajudar a resolver os problemas ou situações problemáticas profissionais que lhes são próprios. Suas eventuais contribuições formativas devem estar subordinadas à problemática específica mediante uma negociação prévia, envolvendo o professor em um processo de compromisso de reflexão na ação.

- A comunicação, o conhecimento da prática, a capacidade de negociação, o conhecimento de técnicas de diagnóstico, de análise de necessidades, o favorecimento da tomada de decisões e o conhecimento da informação são temas-chave na assessoria.

- A assessoria tem sentido quando, a partir da igualdade e da colaboração, diagnostica obstáculos, fornece ajuda e apoio ou participa com os professores, refletindo sobre sua prática. Isso significa que o professor, que parte de uma realidade determinada, busca soluções para as situações problemáticas que a prática comporta.

13

Formação do professor e qualidade de ensino

"Qualidade... a gente sabe o que é, e, ao mesmo tempo, não sabe. Isso é contraditório. Mas algumas coisas são melhores do que outras, ou seja, têm mais qualidade. Porém, se a gente tenta definir qualidade, isolando-a das coisas que a possuem, então puf! *— já há o que falar. Se, no entanto, não se pode definir qualidade, como sabemos o que ela é, ou como sabemos que ela existe? Se ninguém sabe o que é, então, para todos os efeitos, não existe. Mas acontece que, para todos os efeitos, ela* existe. *Senão, em que se baseariam as notas? Por que as pessoas pagariam fortunas por algumas coisas, jogando outras no lixo? Naturalmente, algumas coisas são melhores que outras... Mas o que é "ser melhor"? E aí a gente começa a dar voltas que não acabam mais, fazendo girar rodas mentais sem encontrar um ponto de apoio que nos possibilite a arrancada para a viagem. Que diabo é qualidade?"* (Pirsig, 1974).

Mudança foi uma palavra mágica nas reformas do final dos anos 80 e 90, que pouco a pouco foi incorporada e transformada em lugar-comum na escrita e nas declarações públicas. Contudo, dificilmente é transferida para a realidade da prática educacional e da formação, já que uma verdadeira mudança não pode ser proposta seriamente sem que se possua um novo conceito e uma nova mentalidade, uma nova forma de ver as ocupações sociais e a profissionalidade docente, sem definir uma nova política educativa e sem levar em conta as necessidades pessoais e coletivas da população e dos professores. Isso supõe romper certas inércias e ideologias institucionais que perduraram, ainda que parcialmente, durante muitos anos.

A instituição educativa também deve mudar, deve converter-se em algo verdadeiramente educativo e superar seu conceito já obsoleto que remonta ao século XIX. Ao destacar seu caráter educativo queremos nos distanciar de enfoques tecnológicos, funcionalistas e burocratizantes de qualidade, tão em moda nos últimos anos, e aproximar-nos, ao contrário, de seu caráter cultural, e da possibilidade, no campo educacional e em uma determinada comunidade, de que esse dinamismo cultural transforme os saberes e as consciências — e a estética — dos que atuamos na organização da vida e do trabalho nas instituições educativas. Sugerimos que se fale da escola não tanto como "um lugar", e sim como uma manifestação de vida em toda sua complexidade, em toda sua rede de relações e dispositivos com uma comunidade educativa, que tem um modo institucional de conhecer e de querer ser.

Se quisermos falar de qualidade, termo tão em moda, primeiro teremos de analisar o que mudou nestes últimos vinte anos que repercute na formação e no ensino:

    1. A mudança de perspectiva e de tempo. O incremento acelerado e a mudança vertiginosa no conhecimento cien-

tífico e nos produtos do pensamento, da cultura e da arte, base de qualquer currículo formativo (o conhecimento da humanidade duplica em curto espaço de tempo). O conhecimento científico já não é imutável.

2. A mudança do condutivismo para o cognitivismo, que levou a ver a formação não tanto como atualização, e sim como criação de espaços de participação e reflexão.

3. A evolução acelerada da sociedade em suas estruturas materiais, institucionais, formas de organização da convivência, modelos de produção e distribuição, que se refletem na mudança inevitável das formas atuais de pensar, sentir e agir.

4. Os contextos sociais que condicionam a formação refletem uma série de forças em conflito. As rápidas mudanças dos meios de comunicação e da tecnologia foram acompanhadas por profundas transformações na vida institucional de muitas organizações.

5. A transformação do binômio formador-formado em um triângulo cujo vértice é composto por um artefato (meio audiovisual, impresso ou informático).

6. A formação deixou de ser vista apenas como o domínio das disciplinas científicas ou acadêmicas, para ser analisada como a necessidade de estabelecer novos modelos relacionais e participativos na prática. A importância do sistema relacional na formação.

Mas o que significa tudo isso para a mudança na prática formativa e na qualidade do ensino?

Em primeiro lugar e como aspecto básico, levar em consideração a experiência pessoal e profissional dos adultos, de suas motivações, do meio de trabalho — em suma, de sua situação de trabalhadores — e, por outro lado, a participação dos interessados na formação e na tomada de decisões que lhes concernem diretamente. Os que participam da formação devem poder beneficiar-se de uma formação de qualidade que seja adequada a suas necessidades profissionais em contextos sociais e profissionais em evolução e que repercuta na qualidade do ensino.

Mas o conceito de qualidade não é estático, não há consenso sobre seu significado nem existe um único modelo, pois ele depende da ideia de formação e de ensino que se tem. Durante muito tempo, e por ser proveniente do mundo da produção, a qualidade foi interpretada como um conceito absoluto, próximo às dimensões de inato e de atributo de um produto. Nos últimos tempos, a qualidade, no campo educacional, é analisada a partir da consciência do aluno, de como ele a percebe, mas diferentemente de posturas conservadoras que introduzem indicadores de desempenho para comprovar a qualidade de um processo, ela é vista como uma tendência, como uma trajetória, como um processo de construção contínua.

Dentre as diferentes tentativas de definição do conceito de qualidade:

— como excelência inata (comparação entre objetos),
— baseada em atributos mensuráveis (produto),
— como conjunto de requisitos (fabricação),
— em termos de execução/preço (valor) ou otimização de recursos,

cremos que nenhuma seja inteiramente válida na educação, já que a qualidade é definida apenas pelo grau de satisfação da comunidade, mas não somente como resposta à demanda social, uma vez que é um processo cheio de complexidade e ambiguidade, impregnado de valores.

Hoje existe o risco de fazer uma análise simples e linear, dados os condicionantes de intencionalidade, de contexto, de interesses e de valores que integram o significado da qualidade e das expectativas que suscitam.

A qualidade da instituição educacional depende da qualidade dos alunos através de suas contribuições à sociedade, da qualidade do que se aprendeu e da forma de aprendê-lo.

Aqui, queremos ver a qualidade a partir de um ponto de vista didático ou pedagógico, ou seja, a qualidade da formação vista como a otimização do processo formativo.

Para tanto, a efetividade da formação, a apropriação de aprendizagens flexíveis e adequadas à mudança e a transmissão dessa aprendizagem são importantes.

A qualidade não está unicamente no conteúdo, e sim na interatividade do processo, na dinâmica do grupo, no uso das atividades, no estilo do formador ou professor/a, no material que se utiliza.

A partir do debate e da análise da ascendente atualidade no sistema social e educativo de aspectos anteriores e da realidade da desregulamentação, das ideias e práticas neoliberais e conservadoras, da linguagem comum, do academicismo, dos indicadores de desempenho, da falsa autonomia educacional e do avanço do gerencialismo educativo, é necessário estabelecer um debate sobre a análise das relações de poder e sobre as alternativas de participação.

Partimos da premissa de que, ante o discurso neoliberal e o fortalecimento da experiência pessoal e, portanto, do individualismo e do isolamento na profissão docente, que faz com que se separe o compromisso e a satisfação no trabalho, beneficiando os que se comprometem pouco e facilitando que não se seja solidário e se estabeleçam lutas internas nas instituições educativas, só nos resta contrapor-lhe o discurso e a prática da verdadeira colaboração e participação.

Para o debate sobre a qualidade de ensino, gostaríamos de destacar três ideias-chave para ser debatidas:

1. A existência ou não de um "poder dos professores e da comunidade educativa", entendido como a assunção por parte do professor e dos implicados no processo educativo do controle sobre o processo e a organização do trabalho realizado nas instituições educativas, supostamente desvalorizado como consequência da regulamentação cada vez maior e da fragmentação curricular, do isolamento nas estruturas organizacionais e arquitetônicas, da organização imposta e da rotinização e mecanização do trabalho. É possível tornar "o professor mais poderoso", sem prejudicar a comunidade educativa, para aumentar seu prestígio e *status* profissional e social? É possível que as chaves sejam a cooperação e a participação coletiva, ou seja, transformar as escolas em comunidades de aprendizagem? Existe a possibilidade de elaborar projetos de escola explicitando os interesses a partir de baixo e permitindo uma verdadeira participação, para além da participação normativa e legal? Ou é uma mera ilusão, uma utopia nesta época conservadora?

2. Além de questionar a legitimação oficial do conhecimento escolar e, como consequência, a da organização educativa, que é inteiramente mecanicista, estreita e insuficiente, a segunda ideia defende a necessidade de pôr a comunidade educativa em contato com os diversos campos

e vias do conhecimento, da experiência e da realidade organizacional, e não apenas os professores ou alguns escolhidos dentre eles.

3. A terceira ideia é o questionamento da instituição escolar tal como está sendo estruturada, estendido, é claro, à formação, ao Sistema Educacional. A organização educacional, tal como é concebida atualmente e se desenvolve, integra as diversas formas de desigualdade e opressão e, portanto, é necessária uma ação solidária para desenvolver uma nova cultura organizacional alternativa baseada em uma nova prática educativa e social. Lembramos Freire (1987) quando analisa a falácia da neutralidade escolar, para construir uma noção da educação mais politizada e desenvolver uma pedagogia da resistência, da esperança ou da possibilidade.

Nesta época de desregulamentação e neoliberalismo, a instituição educativa tem alguma esperança de mudança ou a possibilidade de gerar processos alternativos? A organização educativa pode deixar de se preocupar com a direção, com o tempo, a gestão gerencial etc., para passar a analisar e dar alternativas de participação coletiva nas instituições educativas, convertendo-as em comunidades de aprendizagem?

A organização educativa tem sido um respeitado campo de conhecimento repleto de contradições e com poucas brechas para estabelecer as lutas de resistência e os mecanismos de contrapoder. As poucas propostas não tecnológicas baseadas em uma verdadeira relação democrática são muito etéreas e vacilantes, com a marca do discurso acadêmico vago. Avançou-se mais no terreno das ideias e das palavras que no das práticas organizacionais alternativas. E hoje em dia até parece que possuímos alguns sinais de estagnação, decorrente de muitos fatores: a reforma que provoca ideias gerencialistas, o conformismo, a cultura social dominante, a rentabilidade desejada pelas editoras, a desorientação generalizada, o desconcerto intelectual das universidades, a divisão dos acadêmicos com ideias alternativas etc.

Precisamos urgentemente desenvolver novas formas de linguagem e, sobretudo, práticas críticas alternativas que permitam desvelar o currículo oculto da organização e descobrir outras maneiras de ver o mundo, a escola e sua organização. Como nos diz Giroux (1990), temos de analisar o progresso de uma maneira não linear nem monolítica, integrando outras identidades sociais, outras manifestações culturais da vida cotidiana, e outras vozes secularmente marginalizadas.

Estas pinceladas aproximativas servem apenas para nos situar em um debate que pretende a busca de ideias e propostas que incidam nos problemas genéricos e comuns da organização das instituições educativas. Mas para isso temos de nos aprofundar, para compreender o que ocorre diante das especificidades relativas às áreas do currículo, nas estruturas espaciais que não possibilitam a emergência de novas culturas organizativas, na participação ativa da comunidade, na dinâmica e comunicação dos grupos, na escolarização pública, na veloz implantação das novas tecnologias da informação, na integração escolar de meninos e meninas com necessidades educativas especiais, ou no fenômeno intercultural. Que tipo de instituição educativa queremos para o futuro em um ensino democrático e de qualidade? Ou continuaremos afônicos e vulneráveis?

Exigir a qualidade da formação e do ensino é uma questão ética e de responsabilidade social para evitar que se caia no charlatanismo, no treinamento culturalista e não inovador, na ostentação e na falácia. Temos de buscar a qualidade, mas sabendo que sua riqueza se encontra já no caminho.

Ideias-chave

- A escola deve deixar de ser "um lugar", para ser uma manifestação de vida em toda sua complexidade, em toda sua rede de relações e dispositivos com uma comunidade educativa, que mostra um modo institucional de conhecer e de querer ser.
- O conceito de qualidade educativa não é estático, não há consenso sobre seu significado nem existe um modelo único, já que depende da ideia de formação e de ensino que se tem. Durante muito tempo, e pelo fato de provir do mundo da produção, a qualidade foi interpretada como conceito absoluto, próximo às dimensões de inato e de atributo de um produto.
- Hoje em dia há o risco de fazer uma análise simples e linear, devido aos condicionantes de intencionalidade, de contexto, de interesses e de valores que constituem o significado da qualidade e das expectativas que suscitam.
- A qualidade da instituição educativa depende da qualidade dos alunos por meio de suas contribuições

à sociedade, da qualidade do que se aprendeu e da forma de aprendê-lo.

- É preciso desenvolver novas formas de linguagem e, sobretudo, práticas críticas alternativas que permitam desvelar o currículo oculto da organização e descobrir outras maneiras de ver o mundo, a escola e sua organização.

14

Algumas dificuldades atuais, ou o risco de estagnação profissional, e algumas ideias para possíveis alternativas

Muitos dos obstáculos encontrados pela formação dos professores podem converter-se facilmente em álibis para a resistência por parte de algum setor do professorado. Ou também que esses obstáculos sejam motivo de uma cultura profissional que culpe os professores sem oferecer resistência e sem lutar por uma melhor formação e um maior desenvolvimento profissional. Entre esses obstáculos destacamos:

— A falta de um debate sobre a formação inicial dos professores dos diversos níveis educativos.

— A falta de coordenação, acompanhamento e avaliação por parte das instituições e serviços implicados nos programas de formação permanente.

— A falta de descentralização das atividades programadas.

— O predomínio da improvisação nas modalidades de formação.

— A ambígua definição de objetivos ou princípios de procedimento formativos (a orientação da formação). Ou alguns princípios de discurso teórico de pesquisa e discurso prático de caráter técnico.

— A falta de pressuposto para atividades de formação e, mais ainda, para a formação autônoma nas instituições educacionais.

— Os horários inadequados, sobrecarregando o trabalho docente.

— A falta de formadores ou assessores e, entre muitos dos existentes, uma formação baseada em um tipo de transmissão normativo-aplicacionista ou em princípios gerencialistas.

— A formação em contextos individualistas, personalistas.

— A formação vista unicamente como incentivo salarial ou de promoção.

Certamente há outros obstáculos, já que nos últimos tempos alguns dos anteriores se agravaram ou surgiram novos. Sem dúvida esses obstáculos provocam, cada vez mais, algumas circunstâncias de abandono progressivo, por parte do professor, da formação permanente e um retorno a práticas mais familiares, rotineiras e seguras, com menos risco profissional, ou seja, a práticas pouco ou nada inovadoras. E quando isso ocorre é fácil que a formação deixe de ser um estímulo para o desenvolvimento profissional, que se desqualifica ou, em outras palavras, se desprofissionaliza.

Assim, não é de estranhar que nos últimos tempos não apenas os profissionais da educação, mas também as instituições educativas deem uma sensação de desorientação que faz parte do desconcerto que envolve o futuro da escola e o conjunto da profissão. Pois os sistemas tendem a se burocratizar, impondo modelos mais intervencionistas e formalizados, dificultando a autonomia e a democracia real e obstaculizando os processos de formação colaborativos.

Os processos de formação devem analisar esses elementos desqualificadores para, a partir dos próprios grupos de professores, estabelecer mecanismos de reajuste profissional, para que suas atuações não se limitem apenas às classes e às escolas, já que a profissionalização e o desenvolvimento profissional do grupo estão vinculados também a causas trabalhistas e sociais que devem ser enfrentadas em diversos foros. É necessária uma redefinição coletiva da profissão, de suas funções e de sua formação.

Esse novo conceito de formação traz consigo um conceito de autonomia na colegialidade, e a autonomia de cada um dos professores e professoras só é compatível se vinculada a um projeto comum e a processos autônomos de formação e desenvolvimento profissional, a um poder de intervenção curricular e organizativo, enfim, a um compromisso que vá além do meramente técnico para afetar os âmbitos do pessoal, o profissional e o social. Portanto, não basta afirmar que os professores devem ser reflexivos e desfrutar de um grau maior de autonomia, é preciso conquistá-lo.

Essa formação deveria favorecer o debate nas escolas e construir bases reais para os projetos de instituições educacionais ligadas a projetos de formação (detecção de necessidades coletivas, cultura colaborativa, análise da realidade, consolidação de maiorias, estabelecimento de regras básicas de funcionamento, explicitação dos pensamentos, abertura à comunidade...), com o objetivo de eliminar ao mesmo tempo os processos de atomização, corporativismo e individualismo no trabalho profissional. Também é preciso apoiar a experimentação e a difusão de materiais de grupos mais reduzidos e homogêneos, mesmo que sejam de caráter interinstitucional, e com projetos parciais, a fim de proporcionar referências e elementos de dinamização que surgem do professorado.

Temos de superar a dependência profissional. Basta de esperar que outros façam por nós as coisas que não farão. A melhoria da formação e do desenvolvimento profissional do professor reside em parte em estabelecer os caminhos para ir conquistando melhorias pedagógicas, profissionais e sociais, bem como no debate entre o próprio grupo profissional.

A formação de professores é um tema relativamente recente como objeto de estudo e pesquisa, e a situação atual é semelhante à do início dos anos 70 em relação com o ensino. Os estudos sobre a formação partem de uma fase descritiva a uma fase mais experimental. O interesse por esse tema vem aumentando e reflete-se na atenção que lhe dedicam uma série de publicações educativas em todo o âmbito internacional. Durante os anos 80 realizaram-se inúmeros programas de formação de professores, cuja análise pode motivar novas propostas e reflexões sobre o tema. Contudo, é possível assinalar que, do o que se conhece até agora, podem-se destacar como relevantes os seguintes aspectos:

a. O apoio aos professores em suas classes, seja por parte dos colegas ou por um assessor externo, parece fundamental para introduzir certas formas de trabalho em sala de aula.

b. Todos concordam que a melhoria da escola requer um processo sistêmico (Fullan, 1990), o que supõe que as mudanças em uma parte do sistema afetam os outros. Portanto, a formação do professor influi no contexto em que ocorre e por ele é influenciada, e esta influência condiciona os resultados que podem ser obtidos.

Todos os estudos confirmam que há uma série de requisitos organizacionais necessários para que a formação permanente possa dar os frutos esperados:

— que as escolas adotem um conjunto de normas, assumidas de maneira colegiada e na prática;

— que os representantes da Administração que trabalham com os professores esclareçam os objetivos que pretendem alcançar com a formação, e apoiem os esforços dos docentes para mudar sua prática;

— que os esforços nas mudanças curriculares, na instrução, na gestão da aula, contribuam com o objetivo último de melhorar a aprendizagem dos alunos;

— por último, que uma formação adequada, seguida dos apoios necessários durante o tempo que for preciso, contribua para que novas formas de atuação sejam incorporadas à prática.

Os temas, o conhecimento sobre o que deve ser aprofundado em relação à formação permanente, poderiam ser sintetizados nos seguintes aspectos:

a. Analisar as possibilidades de cada um desses modelos de formação em relação aos resultados que se espera obter e ao tipo de professor e de ensino que se pretende favorecer.

b. Saber em que medida a formação afeta as mudanças na aprendizagem dos alunos.

c. Determinar em que medida a escolha de um modelo ou outro favorece um tipo de desenvolvimento profissional no professor.

d. Verificar se as diferentes propostas de formação oferecidas em todos os âmbitos contribuem para o aperfeiçoamento do professor, e saber como diferentes modalidades de formação se coordenam entre si e quais objetivos são atingidos.

e. É preciso saber como os recursos dedicados à formação são aproveitados e entender, em função deles, qual desses modelos ou que tipo de combinação entre eles se faz necessário, para que o trabalho dedicado à formação seja mais eficaz.

f. Por fim, é preciso estudar como a formação permanente contribui para a profissionalização dos professores.

Mas os modelos de formação de professores não se propõem de modo isolado, mas estão relacionados às políticas educativas do momento e às tendências e propostas de inovação. O professor deve envolver-se nessas políticas educativas e sociais e deve lutar também pela melhoria da educação para incrementar a liberdade e a emancipação das pessoas.

Ideias-chave

- Não é de admirar que nos últimos tempos não apenas o professor, mas também as instituições educacionais passem uma sensação de desorientação que faz parte da confusão que envolve o futuro da escola e o grupo profissional.

- Os sistemas tendem a burocratizar-se, impondo modelos mais intervencionistas e formalizados, dificultando a autonomia e a democracia real e obstaculizando os processos de formação colaborativos.

- Os processos de formação devem analisar os elementos que desqualificam para, a partir dos próprios grupos de professores, estabelecer mecanismos de reajuste profissional e para que suas atuações não se limitem apenas às salas de aula e às escolas, já que a profissionalização e o desenvolvimento profissional do grupo estão vinculados também a causas profissionais e sociais que devem ser abordadas em diversos âmbitos.

- Um novo conceito de formação traz consigo um conceito de autonomia na colegialidade, e a autonomia de cada um dos professores e professoras só é compatível se for vinculada a um projeto comum e a processos autônomos de formação e desenvolvimento profissional, a um poder de intervenção curricular e organizativo, enfim, a um compromisso que transcenda o âmbito meramente técnico para atingir os âmbitos pessoal, profissional e social.

- Deve-se superar a dependência profissional. Basta de esperar que outros façam por nós as coisas que não farão. A melhoria da formação e do desenvolvimento profissional do professor reside em parte em estabelecer os caminhos para ir conquistando melhorias pedagógicas, profissionais e sociais, e também no debate entre o próprio grupo profissional.

Conclusão

O debate sobre o professorado foi adquirindo, cada vez com mais frequência, um caráter administrativo, corporativista e funcionalista. Mais que um debate sobre o presente e o futuro de uma profissão com uma marcada feição autônoma e intelectual, o que se oferece é uma visão de uma profissão assalariada, mais administrativa que intelectual, e sumamente tutelada e dependente dos poderes públicos ou privados. Enfim, um debate que parte da premissa de que se trata de uma profissão incapaz de criar conhecimento profissional, que se limita a reproduzir a cultura e o conhecimento que outros cultivaram e desenvolveram. Isso gerou uma determinada imagem social, profissional e administrativa (e também uma autoimagem) do professor e que, atualmente, ainda impregna e contamina os trabalhadores das instituições educacionais.

Essa visão determinista e acrítica da função docente é um dos obstáculos que as pesquisas *com* os professores devem denunciar, contrapondo-lhe uma nova visão que seja capaz de gerar novas concepções mais reais da tarefa que o professor exerce (ou poderia exercer). A capacidade potencial que o professor em exercício tem de gerar conhecimento pedagógico, não apenas comum, espontâneo ou intuitivo deve transformar-se em capacidade na ação. E essa capacidade deve ser situada em um contexto específico, já que a prática educativa exercida é uma prática eminentemente pessoal.

A geração desse conhecimento pedagógico (especialista, especializado...) tem sido objeto de pesquisa nas últimas décadas. As mudanças no meio social e científico, a escolarização maciça, a melhor formação do professor e o acesso democrático à educação exigem um novo modo de ver a função docente. Os estudos sobre formação inicial e, sobretudo, formação permanente, centrados em processos de pesquisa em e sobre a prática, aumentaram nas duas últimas décadas, procurando conhecer e mudar concepções, assimilar novos processos ou simplesmente descobrir a teoria implícita do professor em sua prática para facilitar sua recomposição, seu questionamento e até mesmo sua ruptura. Essa tendência abriu caminho para que a formação permanente consista em algo mais, que não se limite à atualização profissional realizada por alguns "especialistas" (que iluminem os professores com seus conhecimentos pedagógicos para que sejam reproduzidos), mas que, ao contrário, passe pela criação de espaços de reflexão e participação nos quais o profissional da educação faça surgir a teoria subjacente a sua prática com o objetivo de recompô-la, justificá-la ou destruí-la.

Esse processo de ancoragem do conhecimento teórico que apoia a prática educativa é o que pode favorecer uma melhor interpretação do ensino e da aprendizagem, e a aquisição de maior autonomia profissional.

Os diversos estudos sobre o pensamento do profissional de educação, a reflexão, as ideias prévias, os esquemas etc. que se produziram nas últimas décadas demonstraram que o conhecimento pedagógico gerado pelo professor é um conhecimento ligado à ação prática no próprio contexto profissional. E esse conhecimento não se limita apenas a identificar as competências necessárias do professor para que sua relação com os alunos seja mais eficaz, como pretendia uma perspectiva técnica e funcionalista. Não se limita apenas a estabelecer algumas bases de conhecimento do conteúdo como ciência básica do professor ou a melhorar o conhecimento didático do conteúdo ou em aumentar a vertente aplicativa de uma criatividade instrumental. O conhecimento do professor não pode ser desvinculado da relação entre teoria e prática, nem de sua função de analista de problemas morais, éticos, sociais e políticos da educação, nem tampouco de um contexto concreto.

E tudo isso foi esquecido com uma perseverança que mereceria resultados melhores. Não houve uma preocupação em desenvolver o conhecimento profissional cultural, ou do próprio contexto, nem o conhecimento prático da profissão de educar com toda sua carga de compromisso científico, político, ético e moral.

Por outro lado, esse conhecimento encontra-se fragmentado em diversos momentos: a experiência prévia como aluno ou aluna, a formação inicial e a formação no exercício docente que permite questionar ou legitimar o conhecimento profissional que se põe em prática.

Esse conhecimento é criado pouco a pouco e comporta assumir estereótipos e esquemas ou imagens determinadas da docência. Por isso a formação do professor deve adotar uma metodologia que fomente os processos reflexivos sobre a educação e a realidade social através das diferentes experiências. Além disso, deveria ocorrer no interior das instituições educacionais para obter a mudança individual e institucional.

Ao se relacionar com o elemento "contexto educativo concreto", as características do conhecimento profissional se enriquecem com infinidades de matizes que não se manifestam em um contexto padronizado, ideal ou simulado. É num contexto específico que o conhecimento profissional se converte em um conhecimento experimentado por meio da prática, ou seja, por meio do trabalho, intervindo nos diversos quadros educativos e sociais em que se produz a docência. Nesse conhecimento profissional interagem múltiplos indicadores: a cultura individual e das instituições educativas, a comunicação entre o profissional de educação e o pessoal não docente, a formação inicial recebida, a complexidade das interações da realidade, os estilos de direção escolar estabelecidos em cada contexto, as relações e a compreensão por parte da comunidade escolar, as relações e os sistemas de apoio da comunidade profissional etc.

É nesse cenário profissional que se aplicam as regras da prática, que o conhecimento profissional imaginário, intuitivo ou formal se torna real ou explícito. Essa realidade é fundamental na geração de conhecimento pedagógico. Como ocorre em um cenário complexo, as situações problemáticas que nele aparecem não são apenas instrumentais, já que obrigam o profissional da educação a elaborar e construir o sentido de cada situação, muitas vezes única e irrepetível. Por isso, a formação deve aproximar-se da prática educativa, no interior das instituições educacionais.

O contato da formação com a prática educativa faz com que o conhecimento profissional se enriqueça com outros âmbitos: moral e ético, além de permitir que se fomente a análise e a reflexão sobre a prática educativa, tentando uma recomposição deliberativa dos esquemas, concepções e crenças que o conhecimento pedagógico tem sobre o ensino e a aprendizagem. Permitiria trabalhar em benefício do professor e da educação da humanidade.

Bibliografia

APPLE, M. *Maestros y textos*. Barcelona: Paidós/MEC, 1989.

APPLE, M.; CASEY. El género y las condiciones de trabajo del profesorado: el desarrollo de su explicación en América, *Educación y Sociedad* 10 (1992): 7-21.

BERLINER, D. C. Knowledge is power. In: BERLINER, D.; ROSENSHINE, B. (Orgs.). *Talks to teachers*. New York: Random House, 1987, p. 3-33.

BOLAM, R. *Strategies for School Improvement. A Report for OECD*. Paris: OECD/CERI, 1980.

BURBULES, N. C.; DENSMORE, K. Los límites de la profesionalización de la docencia, *Educación y Sociedad* 11 (1992): 67-83.

COMBS, A. *Claves para la formación de los profesores. Un enfoque humanístico*. Madrid: Emesa, 1979.

CONNELLY, F. M.; CLADININ, J. Personal practical knowledge and the modes of knowing: relevance for teaching and learning. In: EISNER, E. (Org.). *Learning the ways of knowing. The 1985 yearbook of the natural society for the study of education*. Chicago: University of Chicago Press, 1985.

DEWEY, J. *Cómo pensamos*. Barcelona: Paidós, 1989.

ELLIOTT, J. *La investigación-acción en educación*. Madrid: Morata, 1990.

_____. *El cambio educativo desde la investigación-acción*. Madrid: Morata, 1993.

EISNER, E. W. *The art of educational evaluation*. London: Falmer Press, 1985.

ELBAZ, F. *Teacher thinking. A study of practical knowledge*. London: Croom Helm, 1983.

ERDAS, E. Enseñanza, investigación y formación del profesorado, *Revista de Educación*, 284 (1987): 159-198.

ESTEVE, J. M. *El malestar docente*. Barcelona: Laia, 1987 (reed. Paidós).

FREIRE, P. *The politics of education*: culture, power and liberation. London: Macmillan, 1985.

_____. Educación y participación comunitaria. In: CASTELLS, M. et al. *Nuevas perspectivas críticas en educación*. Barcelona: Paidós, 1994, p. 83-96.

FULLAN, M. Staff development, innovation and institutional development. In: JOYCE, B. (Org.). *Changing school culture staff development*. New York: Teachers College Press, 1990.

GIMENO, J. *El currículum. Una reflexión sobre la práctica*. Madrid: Morata, 1988.

GIROUX, H. *Los profesores como intelectuales*. Hacia una pedagogía crítica del aprendizaje. Barcelona: Paidós, 1990.

GOODLAD, J. et al. *Curriculum inquiry*: The study of curriculum practice. New York: McGraw-Hill, 1985.

HABERMAS, J. *Teoría de la acción comunicativa*. Racionalidad de la acción y racionalización social. Madrid: Taurus, 1987.

HEINZ-ELMAR, T. Profesiones y profesionalización. Un marco de referencia para el análisis histórico del enseñante y sus organizaciones, *Revista de Educación*, 285 (1988): 77-92.

HOLLY, P. J. Apoyo externo al desarrollo basado en la escuela. In: MEC/COMUNIDAD DE MADRID, *Jornadas de equipos interdisciplinares de sector y orientadores en centros de Madrid*, Madrid, 1991.

IMBERNÓN, F. *La formació permanent del professorat. Anàlisi de la formació de formadors*. Barcelona: Barcanova, 1989.

_____. *La formación y el desarrollo profesional del profesorado. Hacia una nueva cultura profesional*. Barcelona: Graó, 1994.

_____. La formación del profesorado: ciertas confusiones y algunas evidencias, *Aula de Innovación Educativa*, 62, jun. 1997, p. 40-42.

INGVARSON, L. *Models of inservice education and their implications for professional development policy*. Paper presented at a conference on Inservice Education. Trends of the Past, Themes for the Future. Melbourne, Australia, 1987.

JACKSON, PH. W. *La vida en las aulas*. Madrid: Morata, 1991 (reed. de 1968).

LABAREE, D. F. Poder, conocimiento y racionalización de la enseñanza: Genealogía del movimiento por la profesionalidad docente. In: PÉREZ, A.; BARQUÍN, J.; ANGULO, F. *Desarrollo profesional del docente. Política, investigación y práctica*. Madrid: Akal, 1999.

LANIER, J. E. *Research on teacher education*. Michigan State University, IRT, OP, 80, 1984.

LORTIE, D. *The Schoolteacher*. A sociological study. Chicago: University of Chicago Press, 1975.

LOUCKS-HORSLEY, S. et al. *Continuing to learn*: a guidebook for teacher development. Andover, MA. Regional Laboratory for Educational Improvement of the Northeast and Islands/National Staff Development Council, 1987.

MCDONALD, B. M. La formación del profesorado y la reforma del currículum, *Acción Educativa* 27 (1990): 4-8.

MEIRIEU, PH. La formación continua de los enseñantes centrada en los problemas prácticos de la clase. In: MEC, *Formación permanente del profesorado en Europa: Experiencias y perspectivas*. Madrid, 1987.

OCDE-CERI. *La formación de maestros en ejercicio. Condición de cambio en la escuela*. Madrid: Narcea, 1985.

PEREYRA, M. El profesionalismo en debate, *Cuadernos de Pedagogía*, 161 (1988): 12-16.

PIRSIG, J. *Actas del IX Congreso Nacional de Pedagogía: La calidad de los centros educativos*. Caja de Ahorros Provincial de Alicante, Alicante, 1974.

PIRSIG, R. M. *Zen e a arte da manutenção de motocicletas — uma investigação sobre valores*. São Paulo: Paz e Terra, 1984.

POPKEWITZ, TH. S. (Org.). *Formación del profesorado. Tradición. Teoría y práctica*. Valencia: Universidad de Valencia, 1990.

SCHEIN, E. H. *Process consultation*. Wesley: Mass Addison, 1988.

SCHÖN, D. *La formación de profesionales reflexivos*. Barcelona: Paidós, 1992.

_____. *El profesional reflexivo*. Barcelona: Paidós, 1998.

STENHOUSE, L. *La investigación como base de la enseñanza*. Madrid: Morata, 1987.

SHULMAN, L. S. Paradigmas y programas de investigación en el estudio de la enseñanza: una perspectiva contemporánea. In:

WITTROCK, M. (Org.). *La investigación de la enseñanza*. I. Enfoques, teorías y métodos. Madrid: Paidós, 1989.

ZEICHNER, K. M. Alternative paradigms of teacher education, *Journal of Teacher Education*, 34, 3 (1983): 3-9.

_____; GORE, J. Teacher socialization. In: HOUSTON, R. (Org.). *Handbook of research on teacher education*. New York: MacMillan, 1990.

ZEICHNER, K. Contradicciones y tensiones en la profesionalización docente y en la democratización de las escuelas. In: PÉREZ, A.; BARQUÍN, J.; ANGULO, F. *Desarrollo profesional del docente. Política, investigación y práctica*. Madrid: Akal, 1999.